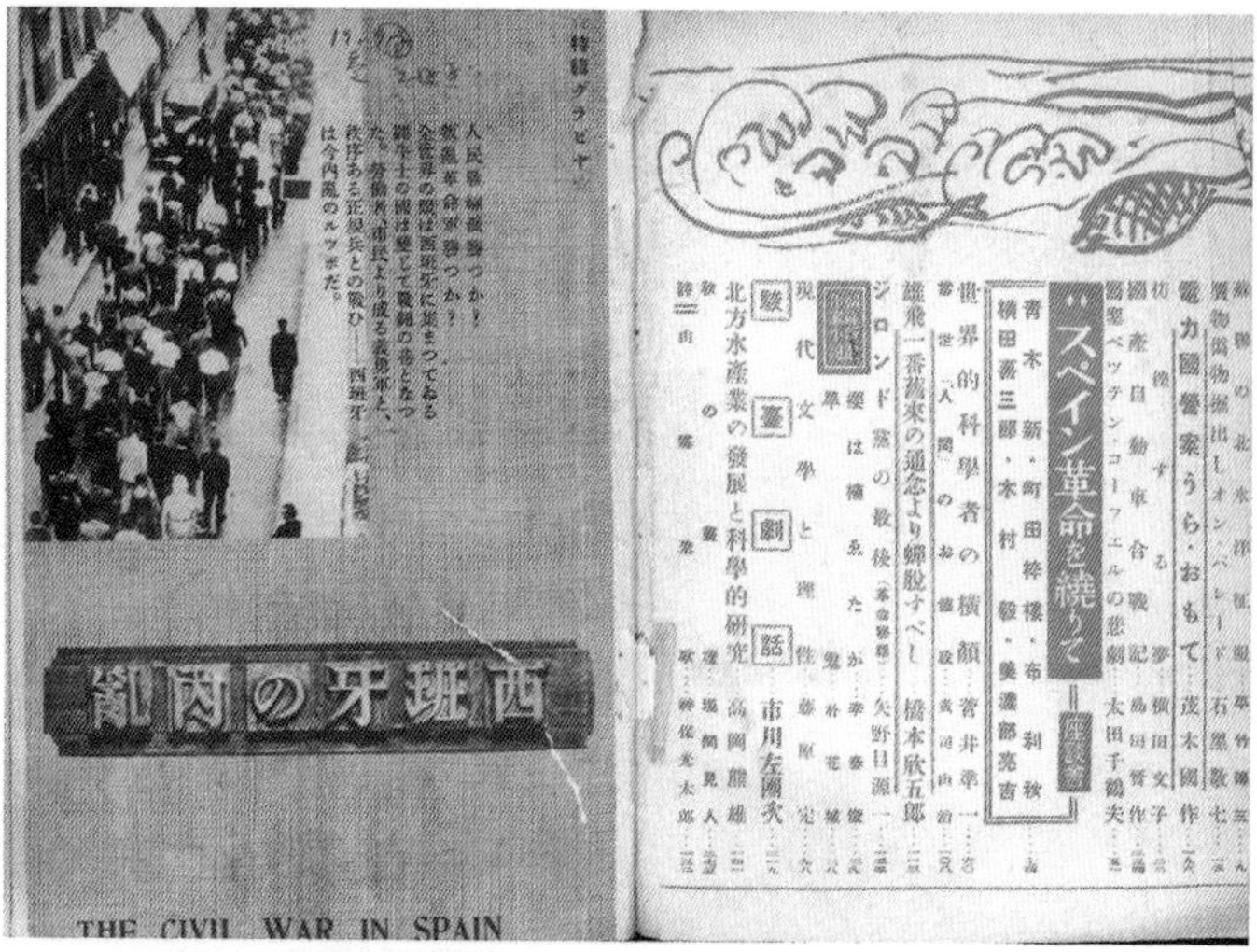

口絵１　『改造』（昭和 11 年秋季特大号）のグラビアと目次

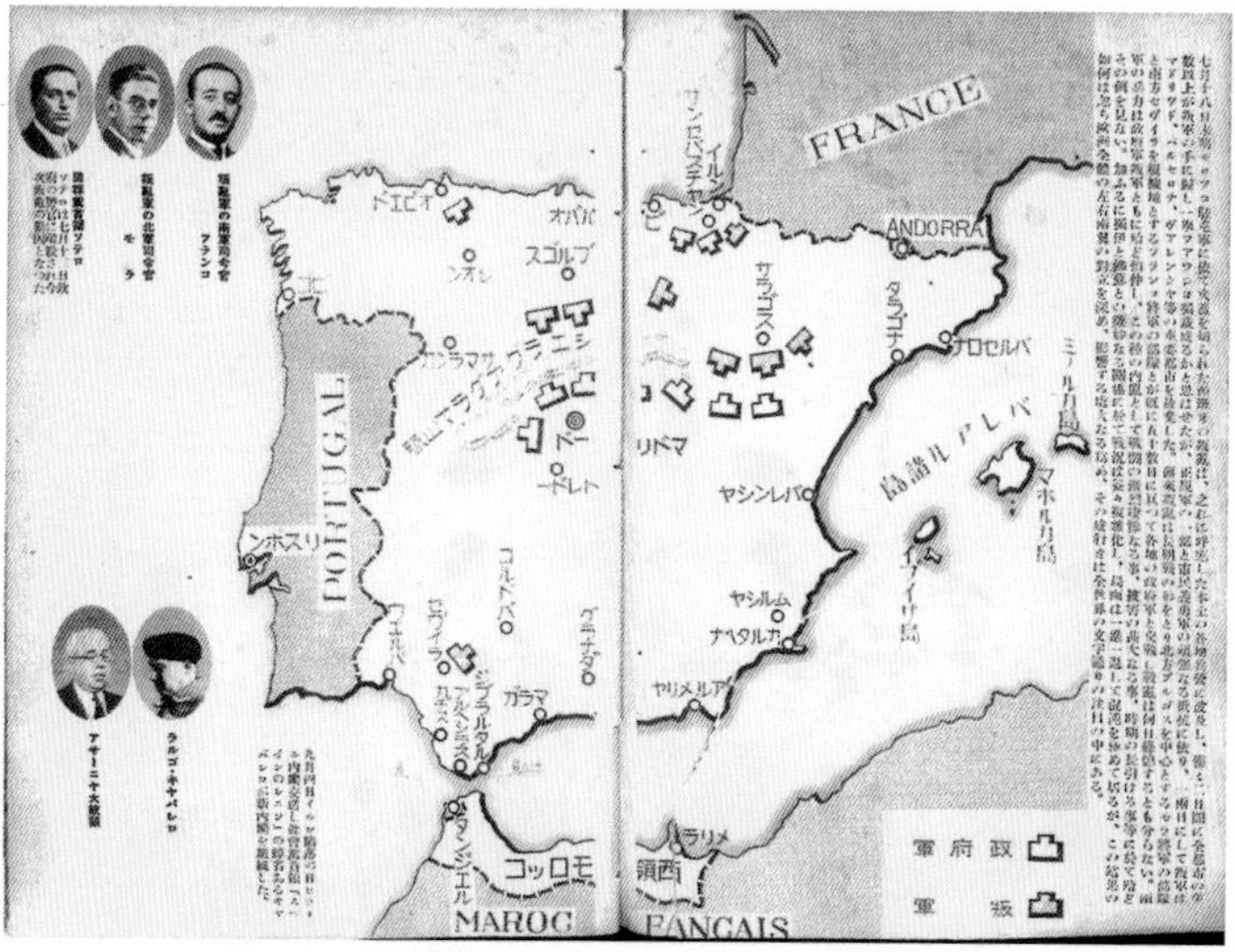

口絵２　『改造』（同上）のスペイン市民戦争地図

口絵 3　国際義勇軍（International Brigade）のポスター

口絵 4　国際旅団のモニュメント（マドリード）

口絵5　反イラク戦争世界統一デモ（2003年2月15日，セビーリャ）

口絵6　ロルカ記念館（グラナダ）

口絵7　オリーブの墓標と著者（中村）

口絵8　スペイン市民戦争のモニュメント（バルセローナ）

KUP選書 1

スペイン市民戦争とアジア

遥かなる自由と理想のために

石川捷治・中村尚樹
Ishikawa Shoji, Nakamura Hisaki

九州大学出版会

目次

プロローグ　今なぜスペイン市民戦争か

ビスケー湾
ヒホン
ゲルニカ
イルン
フランス
マルセイユ
アストゥリアス
ピレネー山脈
ガリシア
オビエド
ビルバオ
ペルピニャン
レオン
バスク
ナバラ
カタルーニャ
大西洋
ハラマ河
エブロ河
バルセロナ
サラマンカ
アラゴン
ポルトガル
グアダラハラ
マドリード
ミノルカ島
トレド
マジョルカ島
バレンシア
バレンシア
バレアレス諸島
スペイン
リスボン
アルバセーテ
イビサ島
コルドバ
アリカンテ
地中海
ムルシア
カルタヘナ
セビーリャ
アンダルシア
マラガ
アルジェ
カディス
ジブラルタル（イギリス）
ジブラルタル海峡
セウタ（スペイン）
アルジェリア
0
150 km
モロッコ
メリーリャ（スペイン）

スペイン略図

一九三〇年代後半の世界政治史における焦点の一つはスペインにあった。スペイン戦争の帰趨は、第二次世界大戦への道を開くのか、それともそれを阻止しうるのか、という岐路に位置づけられていた。スペイン戦争は、当時の日本においても雑誌の特集号が発行される等、多くの人々の関心を引いた（口絵1・2参照）。このスペイン戦争から第二次世界大戦にかけての日本とスペインの関係は、一般に考えられている以上に深いものがあったのである。

一九三六年七月、フランコ将軍らの一部の軍部（陸軍の半分、空軍と海軍の多くは政府支持）が、合法的に成立した共和国（第二共和制）の人民戦線政府に対して軍事クーデターを起こし、スペインは内戦（Guerra Civil Española）に突入した。

その後、内戦は人々の予想に反して長期化した。ソ連が軍事支援し、国際義勇兵が参戦した共和国派の人民戦線と、独伊が支援するフランコ派の国民戦線は、フランコ派を「ファシスト」、共和国派を「アカ」と互いにののしり合い、血で血を洗うような凄惨をきわめた戦いを展開した。戦闘が激化するなか、共和国政府は首都マドリードからバレンシア、バルセローナへと移転したが、三八年のエブロ河の闘いで共和国側の劣勢が決定的となった。三九年一月、バルセローナが陥落し、三月、反乱軍はマドリード、バレンシアなど全土を制圧し、四月一日、フランコは内戦の終結を宣言した。それ以後、スペインではフランコ独裁体制が第二次世界大戦を越えて一九七五年まで続いた。

二年八ヵ月におよんだ戦闘では、フランコの反乱軍側に参戦した独・伊・北アフリカ等の兵士（合計約三〇万人）もいたが、「反ファシズム」の旗印のもと、世界五五ヵ国から四万人を超える人々がスペインの戦場に赴いた。今日で言えば、国境を越えたNGOの国際ボランティアである。彼・彼女らは「民主主義」、「自由」、「正義」、「革命」、「自主管理」などの理想（大義）の実現を目指し、国際義勇兵（International Brigade）等として参戦したのである（口絵3参照）。

彼・彼女らは命をもかえりみない闘いになぜ身を投じたのだろうか。

彼等の義勇兵たちを衝き動かしていたものは、多くの場合、政治的なものであるよりも、要するに市民的な情熱であった。彼等は各国での只の市民であり、職業的な軍人でも政治家でもなかった。アンドレ・マルロオやヘミングウェイ、ジョージ・オーウェルやW・H・オーデンなどの詩人や作家にしても、要するにフランスやアメリカ、英国の市民であった（堀田善衛『バルセローナにて』集英社、一九八九年、一八六頁）。

スペイン戦争は、しばしば「スペイン市民戦争」と呼ばれたが、それには「内戦」（Civil War）という意味と共にもう一つの意味があったからだと思う。それは詩人スペンダーがこの内戦を「詩人の戦争」と呼んだのと同じ理由である。

それは個人の思想と意志が生かされる戦争という意味であった。事実それだからこそ、三〇年代詩人たちのほとんどがそれを詩にうたい、また多くの素人詩人が生まれたのであった。それに対して、国家の意志によっておこなわれる戦争においては、個人の意志は無視され、人々はただ組織の一員として動かされるにすぎない。そしてそこに、三〇年代詩人たちが大戦（第二次）についてほとんど歌おうとしなかった理由があった（小野協一『スペイン内戦をめぐって――イギリスの一九三〇年代文学――』研究社、一九八〇年、一七八～一七九頁）。

本書は、このような「市民の戦争」という意味を込めて、以下では敢えてスペイン戦争をスペイン市民戦争と呼ぶことにしたい（ただし「内戦」という側面を強調するときは「スペイン内戦」と表記）。したがって、しばしば誤解されているように、内戦（Civil War）を市民戦争と誤訳したのではないし、また内戦が全て市民戦争であるわけではない。「スペイン内戦」のケースが市民戦争に当たるのである。

市民概念の変化

スペイン市民戦争が勃発して七〇年、戦闘が終了してからでも六七年という長い歳月が経過した。三〇年をひと昔と考えれば、ふた昔以上も前の話である。しかし、市民戦争は決して過去の問題ではない。〝市民〟という言葉に込められた意味の移り変わりから、その理由を述べてみたい。

〝市民〟というと、歴史教科書ではイギリスやフランスの十八世紀の市民革命で市民という言葉がはじめて登場する。その理論を構築したフランスの啓蒙思想家モンテスキューは『法の精神』で個人の政治的自由を訴え、フランス革命では市民の名の下に自由・平等・友愛がモットーとされた。しかしその権利は裕福な男性のものでしかなかった。女性は夫や父の従属物であり、貧しい人々に市民としての権利は認められなかった。一方アメリカでは独立宣言で「我々は、自明の真理として、すべての人は平等に造られ、造物主によって一定の奪いがたい天賦の権利を付与され、そのなかに生命、自由および幸福の追求が含まれることを信じる」と、市民の自由を高らかに謳った。しかし黒人奴隷やネイティブ・アメリカン等の人々はその埒外であった。アフリカ系アメリカ人の権利が認められるには、キング牧師らの公民権運動を待たねばならなかった。つまり〝市民〟と言っても、当初は白人ブルジョアジー男性のことであり、女性や白人以外の人種、植民地支配を受けたアジア、アフリカ諸国の人々は含まれていなかったのである。

これに対してスペイン市民戦争はどうだったであろうか。男女の性別や身分、所得や国籍の違いを超えて、反ファシズムの旗の下に世界中から多くの人々が結集したのである。このような人々を結集することによって、はじめてスペインの反ファシズム運動(国内的・国際的)が成立したのである。このようにして結集した多様な人々を表す言葉は「市民」しかない。この場合の「市民」概念は、これまでの狭義の「市民」概念を超えて、被差別者をも包摂するものに変化していた。人間性を尊重する立場、つまりヒューマニズムの歴史で見てみれば、英仏の市民革命、アメリカ独立宣言を経てヒューマニズムの思想は成熟していった。

しかしそれらは依然として、人種や性別などに関わる差別性を包含したものであった。それがスペイン市民戦争において、より普遍的なイメージに変化した。その意味において、スペイン市民戦争は「現代」の起点とも言えるのである。

そうした観点を踏まえながら本書では、日本、中国、朝鮮をはじめアジアの地域において、スペイン市民戦争にかかわった人々がどう考え、いかに行動したのかという、〝人間〟を中心に描いてみたいと思う。

アジアにとってのスペイン市民戦争

確かに、世界中から結集したとはいっても国際義勇兵の多くは、欧米の市民であった。そのため、欧米以外の地域、とくにアジアでは、スペインから地理的に遠く離れていることもあって、アジアの自分たちとは関連のうすい出来事としてしか捉えられていない。しかしアジアからも確かにかなりの数の人々がスペイン市民戦争に参戦した。あるいは、直接的にスペインの戦場に馳せ参ずることを願いながらその機会には恵まれなかったが、スペイン市民戦争に熱い関心を寄せたり、あるいはスペイン内戦との関連をもちながら、いわば自らの地で「スペイン市民戦争」を闘った人々が多数いた。欧米列強から植民地支配される側であったアジアから、性別や地位、人種や国籍の違いを乗り越えて、明確な意識を持った人々が結集したのである。そうした人々こそ、〝国家〟の枠から一歩踏み出した、現代における〝市民〟と呼ぶにふさわしい人々だったのではないだろうか。

また、フランコ反乱軍側が勝利し、共和国の敗北に終わったスペイン市民戦争は、日中戦争、第二次世界大戦（アジア・太平洋戦争）、さらにそれ以後の「冷戦」やアジア情勢にも少なからぬ影響を及ぼした。中国の抗日統一戦線の形成や戦中・戦後のアジアの民族解放闘争の展開と勝利は、スペイン市民戦争の教訓なくしてはありえなかったはずである。日本や朝鮮半島、中国をはじめアジアの今を考えるうえでも、第二次世界大戦の前哨戦となったスペイン市民戦争の意味を再検討することは、今日的意義がある。だが、アジアとスペイン市民戦争との関連については、これまでいくつかの本や論文で言及されたのを除けば、わが国ではあまり注目されていない（後掲の参考文献参照）。

スペイン市民戦争を「現代」の起点と考えるのは先に述べたことだけではない。アメリカのブッシュ大統領がイラク攻撃の大義名分とした大量破壊兵器は、その歴史をさかのぼると広島・長崎への核兵器投下であり、日本軍の重慶無差別爆撃であり、そしてピカソがその悲劇を描いたゲルニカ無差別爆撃にたどりつく。ヒューマニズムという人間の時代の起点がスペイン市民戦争にあったなら、人間の力を大きく超えた科学兵器の出現という「現代」のメルクマールもスペイン市民戦争に求められるのである。

時代の不透明感が増し「危機」の気配とそれへの不安が語られるなか、理想と現実の狭間で格闘した先人の足跡は、現代に生きる我々にとっての水先案内ともなるだろう。まだエスキース（素描）に過ぎないが、その輪郭を少しでも明らかにしたい、というのが本書執筆の動機である。

本書は政治史研究者とジャーナリストとの共同作業の試みとして行われた。それぞれの持ち味が発揮されているかどうかは読者諸賢の御判断をまつ以外にないが、第一章ではスペイン市民戦争と現代の内戦の意味を政治史的にフォローした。第二章では、今日のスペインにおいて市民戦争がどのように位置づけられているか、どのような形で人々の生活の中に影を落としているかを、現地を訪ねてのルポルタージュとして紹介する。第三章は、スペイン市民戦争とアジア各国の市民との関係を明らかにし、第四章では、とくに日本および日本人とスペイン市民戦争との関係を論じた。これらを通じて、ささやかな「発見」もできたかと思う。最後のエピローグでは、スペイン市民戦争を起点とする「現代の内戦」が、その多くはそれぞれ「和解」への道に進もうとしていることを描き、アジアにおける今日の戦争と平和の問題についても触れることにしたい。なお、文中において「私」とあるのは、それぞれ担当した、プロローグ、第一章、第三章、エピローグ、では石川捷治、第二章、第四章、おわりに、では中村尚樹を指している。コラムは石川が担当した。

「スペイン市民戦争」という呼称について

戦争には様々な呼称が用いられる。例えば、一九四一（昭和十六）年十二月八日以降に日本が行った戦争についてなら、「太平洋戦争」、「大東亜戦争」、「アジア・太平洋戦争」、「一五年戦争」（その一部分）などがある。それらの中でも、この戦争の性格を最もよく表すのは「大東亜戦争」という呼称であろう。というのも、この呼称は「東亜新秩序」を「大東亜」（アジア）全域に拡大しようとした日本の戦争目的を反映しているからである。しかし、今日ではその戦争を肯定するニュアンスを避けるためほとんど用いられていない。戦争の相手国、戦闘が行われた戦場という二つの点に留意して、「アジア・太平洋戦争」という呼称が使われるようになった。このように、戦争の呼称は使用者の政治的立場を反映するものでもある。

本書で扱った一九三六年七月から一九三九年四月までスペインで戦われた戦争もまた、「スペイン戦争」、「スペイン内戦」、「スペイン内乱」、「スペイン革命」などの呼称をもつ。本書の表題でもある「スペイン市民戦争」という呼称は、むしろ少数派といえるかもしれない。それにもかかわらず、本書は「スペイン市民戦争」という呼称を用いた。本文でも言及したが、Civil War（Guerra Civil）を「市民戦争」と誤訳したわけではない。シビル・ウォーはそのまま訳せば、「内戦」（国内の戦争）であり、アメリカの南北戦争などを指す。訳語ではなく、はじめから日本語で「市民戦争」と使ったのである。

著者があえて「スペイン市民戦争」という呼称を用いるのは、クーデターが長期の国際的「内戦」になっていく過程に注目し、共和国防衛において世界的規模での市民の主体性が発揮されたという、戦争の主体と性格を重視したからである。つまり、人間が人間の尊厳を守るために闘う、その市民的主体性を表現したいと考えたのである。「スペイン内戦」や「スペイン戦争」は、一般的呼称としては何ら問題ない。しかし、前述の市民的主体性を伝えるには十分ではない。また、「スペイン内乱」という使い方は、「乱」という言葉のニュアンスがしっくりこない。「スペイン革命」という表現は、戦争の一つの側面を言いえているが、戦争の全局面を「革命」として語るのは難しいと思う。

第一章　スペイン市民戦争と現代

1　イギリス人元義勇兵との出会い

私は、スペイン市民戦争に参加したイギリス人元義勇兵たちに、偶然の機会から会うことができた。一九九〇年夏のことである。ロンドンで発行されている週刊情報誌 *City Limits* を読んでいると、三行ほどの小さな記事が目にとまった。それは七月七日に国際旅団（International Brigade）の記念式典が開かれるというものであった。そこで私は出かけてみることにした。会場のテームズ河畔にあるジュブリー公園に着くと、集会はすでに始まっていた。参加者は八〇人ばかり、ほとんどが年輩の人々であった。イギリス労働党の議員らしき人が演説中で、彼はスペイン義勇兵の反ファシズム闘争に果たした役割と意義を強調し、我々が政権に復帰して政策を変える必要があると力説しているようであった。早口の英語を聴きとれないのがもどかしかった。そのあと数人が発言し、献花があって、三〇分ぐらいで式典は終わった。じつは話はそれからなのである。式典が解散した直後、何人かの人に話しかけてみた。すると東洋人は私一人だったこともあって、みんな気軽に質問に応じてくれた。その中に、ジミー・ムーン（Jimmy Moon）さんという男性（当時七十七歳）がいた。彼は細身だががっちりした骨格の長身で気さくな感じの人であった。私に一緒に来いとしきりに言う。ついには、まごまごしている私を早くといってバスに乗せてしまった。発車してよく見ると、そのバスは国際旅団の元義勇兵と医療関係者としてスペイン市民戦争に参加した女性たちのバスで、これから別のところで開かれる、内輪のパーティ会場まで行くというものであった。

そうしたわけで私はそのパーティへ闖入してしまった。だんだんと話を聞くうちに、今日の集会にはドイツからも数人の女性が参加していることや、八十歳近い元義勇兵たちが、精神的には若々しく、今日でも反権力・反権威の立場で、反戦反核をはじめとする様々な活動をしていることが分かった。またムーンさんが私を招いてくれた理由の一つは、たった一人（名前がはっきりわかっている人物としてはである。第四章参照）、日本人として共和国側で闘ったジャック白井と同じマシンガン（機関銃）部隊に属していたことがあり、日本人が懐かしいということであった。なお、後になって分かったことだが、イギリス人の義勇兵を扱った著作のなかで、「銃をとる画家」として紹介されている人こそ、このジミー・ムーンさんであった。

彼は私に一九六六年七月十八日、つまりスペイン市民戦争勃発三〇年目の日に書いた

"Cloudless Day in Spain" という詩をくれた。その詩の最後には "To Shoji Ishikawa from Jimmy Moon, 7th July 1990. In memory of Jack Shirai, machinegun boy 15 International Brigade" と記されていた。

そのパーティの後、三人の元義勇兵たちと近くのパブで話をした。それらを通じて実感したのは、彼らは特別の人ではなく、ごく普通の人であり、正義感の強い、率直な市民・労働者であるということだった。本の中でしか知らなかった彼らと、実際に会うことができ、そのごく一端であるにしても、どのような人間であるのかを知

写真 1　イギリス国際旅団協会本部のあるマルクス記念図書館を訪ねた著者（石川），1990年

り得たことの感激は言葉では表現できない。スペイン市民戦争当時、二、一〇〇名ほどいたイギリスからの義勇兵は、一九九〇年の時点では、生存者約一〇〇名という（以上は石川捷治「ロンドン・ベルリン・ウィーン――垣間見た歴史的転換期のヨーロッパ」『九大学報』一九九一年三月号、九州大学広報室、一六～一七頁、参照）。

2 「現代の内戦」の起点としてのスペイン市民戦争

ジミー・ムーンさんのようなイギリス人義勇兵はどのようにして、スペインの戦場へ赴いたのだろうか。歴史家ヒュー・トマスは、イギリス人義勇兵を次のように描いた。

英国人義勇兵の多くは、なにか個人的な悲しみや環境に順応できない苦しみをとりはらおうとして、そのためのはけ口を欲した人々であったようである。（中略）あるものは冒険好きであったかもしれない。指導者の多くは時流におもねるスターリニストであった。しかし大多数はそのいずれでもなかった。おそらく彼らのうちのほとんど三分の一が、スペインで戦闘中に死んだ。さらに多くの人々が、スペインでそうした経験を得たために、のちに政治上または職業上差別待遇をうけた（ヒュー・トマス著、都築忠七訳『スペイン市民戦争』（新装版）みすず書房、一九八八年、第一巻、二五八頁）。

彼・彼女らに国境を越えさせ、スペインの地に向かわせたものは何であったのか、それを明らかにするためにはスペイン市民戦争がなぜ起こり、それはどのような意味を持つものであったのか、そこから始めなければならない。

市民戦争の勃発

スペインにおいて市民戦争が発生したのはなぜだろうか。

かつて世界を支配したスペインであったが、二十世紀に入ると、スペイン社会はその後進性ゆえに深刻な矛盾に苦しむようになった。スペインの支配層は、大土地所有者、農場主、金融ブルジョアジー、カトリック教会の高位聖職者などであるが、彼らは特権を失うことに抵抗した。一九三一年に君主制があっけなく崩壊し、第二共和制が樹立された。市民・労働者による民主主義革命が開始された結果であった。同政権はスペインを近代化させるための諸改革に着手した。事態の進行に慌てた支配層は改革をやめさせるため、軍部に働きかけを強めた。一九三〇年代前半のヨーロッパは、世界恐慌のあおりとファシズムの台頭によって暗澹たる雰囲気に包まれていた。スペインでも左右の対立がさらにいっそう激化した。

三六年二月、共和主義諸党、社会労働党、共産党などによる人民戦線派が総選挙で勝利した。改革路線の再開に危機感を募らせた右派勢力は、軍部を先頭に共和国政府の打倒を決意するに至った。一九三六年七月十七日、スペイン第二共和国政府の転覆を目指した軍事クーデターが発生したのである。

反乱軍部隊は、北アフリカのモロッコ植民地、アンダルシア、ガリシア、ナバラ地方など伝統主義の根強い地域を制圧したが、首都マドリード、バレンシア、工業地帯を擁するカタルーニャ（都市バルセローナを含む）やバスク地方などでは反乱は失敗に終わった。軍部反乱を失敗させたのは、主に大都市において、反乱軍に対峙して機敏かつ果敢に行動した市民・労働者たちであった。

スペイン市民戦争が人々の当初の予想に反して長期化した要因は、第一にファシスト勢力の国際的支援である。

軍事クーデターが起こった時、軍部内にもイデオロギー的分裂が生まれていた。陸軍は政府側と反乱軍側にほぼ二分されたが、空軍と海軍の多くは政府支持にとどまったので、クーデター参加のモロッコ人部隊の本土移動が困難になったのである。そこで、北アフリカ駐屯軍の総指揮をとるフランコはドイツとイタリアに輸送機等の救援を求めた。ドイツとイタリアはこのフランコの要請に応えて、反乱発生後二週間足らずで援助を開始し、輸送機等を派遣した（例えばドイツは、ただちにユンカース五二型輸送機二〇機、ハインケル五一型戦闘機六機をスペインに送った）。緒戦の戦局を左右したのは、この北アフリカ駐屯軍の本土への進撃であった。モロッコ人部隊は反乱軍側の主要勢力となった。これをきっかけにドイツとイタリアというファシスト国家が公然と反乱軍側に加担することになったのである。彼らは来るべきファシズムの侵略戦争のための兵器の実験場としてスペインを選択したのであった。

第二には英・仏の不干渉政策があった。

反乱軍が独・伊から援助を得たのに対し、共和国政府も各国に援助を求めた。特に同じ人民戦線政府であるフランスには、支援への大きな期待を寄せていた。しかし、英・仏は戦火の拡大を恐れて双方とも支援を送らぬという「不干渉政策」を採った。これは、いわばスペイン共和国に対する包囲網がしかれたも同然であり、政府側は一方的不利を強いられることになった。のちにソ連などからの武器援助と国際義勇兵の援助によって、政府側は頑強に抵抗したが、英・仏は不干渉政策を改めなかった。結果の重大性からみれば、共和国の崩壊には、英・仏・米などの国家が責任を分有していたといっても過言ではない。

第三には反ファシズム勢力の結集と抵抗する力の強さである。

軍事クーデターに抵抗したのは、いうまでもなくスペイン国内の反ファシズム陣営に結集した諸勢力である。スペインの人民戦線は〝実例の力〟によって、他の国々の反ファシズム闘争を鼓舞した。それと同時に、市民戦争勃発以来ずっと反乱軍を支援してきたドイツ・イタリアと、それに対抗して共和国政府側への援助を開始（一九三六年秋より）したソ連（そしてメキシコ）という構図が明瞭となり、世界的には、ファシズム対民主主義プラス共産主義という対立関係として人々の目に映ずることになった。それにもかかわらず、西欧民主主義諸国の政府は、国家としてはそのような「連合」の方へ動こうとはしなかった。そのような状況のなかで、外国のマスコミやヘミングウェイ、オーウェル、マルローなどの著名な作家は筆を執ってスペインの闘いを世界的に広め、大きな反響を呼び起こした。かくして民主主義の擁護者も共産主義の信奉者も、ともにファシズムに反対して立ち上がるという国際的な「人民戦線」がスペインを舞台として形成される条件が成立したのである。

スペイン市民戦争の初期、スペイン共和国をファシズムの脅威から救うべく、自分たちの政府が動かないのなら、自分たちの力を結集して、それを実現したいと考える多数の人々が現れた。スペインの闘争は、少なくとも初期の段階では、政治的な党派のレッテルを貼るにはあまりに人間的な、人間の尊厳と人間性を守るための闘いだった。主として欧米諸国から多くの義勇兵が馳せ参じた。その大多数はコミンテルンの組織したネットワークによってスペインに送り込まれたが、そうでない場合も存在した。アジアからの場合は、地理的に遠いこともあり、直接的ではないさまざまなルートがあったようである。

反ファシズム統一戦線の問題

スペインにおいては、「反ファシズム」という共通点で共和国側に多様な勢力と人々が結集した。共通の目標のために一つの戦線に結集するということは、言葉でいう程容易なことではない。私はこれまで統一戦線の成立条件とその統一戦線の実態について若干の研究をしてきた。そこからいえることは、成立の条件は非常に厳しいということである。まず多様な勢力が結集すること自体が困難であるが、それがうまく結集できたとしても、内部に多くの対立を抱えているのが普通であり、そこから先へと前進することが難しい。スペイン本土では反乱軍との全面的武装闘争になるのであるが、反ファシズム統一戦線がその事態に直面したとき、「戦争」（における勝利）を優先課題とするのか、当時社会的に進行しつつあった「革命」（の推進）を優先するのかという問題がもっとも深刻な問題として現れてくる。「戦争」を優先課題とするのは、スペイン社会労働党（PSOE）右派、スペイン共産党（PCE）、共和主義諸政党などであり、「革命」優先派は、マルクス主義統一労働者党（POUM）、全国労働連合（CNT）をはじめとするアナーキスト系、スペイン社会労働党（PSOE）左派などであった。さらに共和国陣営においては、共和主義の右派と左派、社会主義の右派と左派、共産主義のスターリン派と反スターリン派、アナーキストの穏健派と「過激派」など、さまざまなニュアンスの相違を含めて複雑な党派対立を展開し、それぞれへゲモニーを取ろうと争っていたのである。

この根底には、政治権力観および民主主義観の違いが複雑に絡み合っているように私には思われる。スターリンはリアリストであり、民衆の運動の力を過大に評価せず、というよりは民衆の力を信頼せずに、最後は国家の物理的な力によってしかものごとの解決はないという立場であった。組織力と規律で他党派を圧するコミュニストは、この戦争で「反ファシズム」側の主力の一つとして大きな役割を果たした。またコミュニストの内部にも、民主主義の評価と統一戦線の位置づけをめぐって分化が生まれ始めていた。星乃治彦はその点をこう指摘する。

資本主義が英米的資本主義とファシズムの日独伊的資本主義に分かれていたように、社会主義内部も民主主義的社会主義と国家主義的社会主義に分かれていたと捉えたほうがわかりやすい。当時、コミュニズムの中では、人民戦線的な下からの運動に支えられた民主主義を希求する運動と、粛清のように体制の論理によって上から進められる強制的政策が交錯していたのである（熊野直樹・星乃治彦編『社会主義の世紀』法律文化社、二〇〇四年、九六頁）。

「体制の論理」を優先するスターリンは最終的にはナチス・ドイツとの一時的手打ちの方を選んだ。したがって、共和国を支援したソ連と主流派コミュニストもまた、共和国崩壊の大きな責任を逃れることはできないと考える。

3 「現代の内戦」の系譜

カール・シュミットは内戦を「組織された政治単位内の武装闘争」(『政治的なるものの概念』)と定義づけた。この定義のように、内戦とは、ひとつの政治単位(普通は主権国家)のなかにおいて武装した集団が闘うことを意味する。

「現代の内戦」は、スペイン市民戦争から始まるといっても過言ではない。プロローグでも触れたが、現代史の時期区分として、その起点をどこに求めるかについては、多くの議論が必要であろう。しかし「現代」の要素や特徴がそのまま「内戦」において眼前に現れたのがスペイン市民戦争であったという点ではあまり異論がないと思われる。

その「現代」の要素や特徴はどのようなものであったか。

(一)「国際的内戦」といわれるように、ひとつの国家の中での闘いだけでなく、それに他の国家が関係するという国際的性格を持ったこと。

(二) 大量殺戮をともなったこと。ゲルニカなどがファシスト国家の兵器の実験場ともなり、重慶・南京・アウシュヴィッツ・ヒロシマ・ナガサキへと続く「現代」の非人間性や残酷さを表す現象の起点であった。

（三）　国家や組織をも超えた正義を求める個人の主体性が発揮されたこと。

スペイン市民戦争を起点とする「現代の内戦」も、思想的・イデオロギー的対立にその根本原因があるものと民族や人種や部族等の対立に原因が求められるものと二つあると考えられる（もっとも、それらは、後者においても経済的利害対立に問題の根源がある場合が多い）。スペインの場合は、まさしく思想的・イデオロギー的対立、即ちファシズム・反民主主義か反ファシズム・人民戦線か、自由か独裁か、そこには自己の信ずる正義（大義）が含まれていた。それがゆえに国境を越えた市民が立ち上がったのである。

多くのボランティアがその闘いに惹き付けられた。これはスペイン市民戦争が単なる内戦ではなく、国際的内戦ということであり、ある意味ではひとつの国の問題が同時に世界的問題でもあるという「現代」の特徴を先取りしていたのである。アジアから見れば、地理的には遠く離れたスペインであったが、問題の状況としては、自分たちが抱えている問題と同じものであった。

そのようなスペイン市民戦争から始まる「現代の内戦」の系譜は、スペイン以後、中国内戦、朝鮮戦争、ベトナム戦争とつづくが、ベトナムでも一九七五年に戦争が終わった。そして、ようやく今日、朝鮮半島においても、東アジアにおいても、五〇年を経て、「和解」の方向に進みつつある。他方、もう一つの、民族や人種や部族や宗教等の対立を原因とする内戦は、ユーゴ、ソマリア、スーダン、モザンビーク、アンゴラなどと続き、イラクや東チモールを含め、多くのところで今なお深刻な状況が続いている。

スペイン市民戦争研究の魅力

七〇年も前のスペイン市民戦争が、その後の第二次世界大戦やベトナム戦争よりも人々の興味とある種のロマンをかきたてるのはなぜだろうか。その答えは、私の思い入れを含めてであるが、一九三〇年代という時代と人間のあり方をめぐる葛藤の熾烈さに求められるのかもしれない。

スペイン市民戦争は、第二次世界大戦の前哨戦であったのは確かであるが、たんなる前哨戦であっただけではない。当時勢力を増していたファシズムと、それに対抗するリベラリズム、デモクラシー、コミュニズムという対立構図がはっきりとでた、イデオロギー戦争でもあった。それがためにスペインだけでなく世界各地においてもスペインに関連したイデオロギーの闘いが展開されたのであった。

イデオロギーの闘いという点では、のちの中国内戦、朝鮮戦争、ベトナム戦争も同じだ。ところが、スペイン市民戦争のほうが、はるかに鮮烈なイメージがある。その理由の一つは一九三〇年代という時代の特殊性、もう一つはスペイン市民戦争がもった普遍性であろう。一九三〇年代はファシズムの暗雲におおわれつつあった時代であったが、人間と人間の闘いという要素が残っていた。兵器の優秀性や情報操作などそれ以降の戦争では大きな比重を占める要素を越えて人間が主役であったからである。

スペイン史研究者の深澤安博は、次のように指摘する。「一般に、現代の戦争、社会変革と革命、統一戦線、社会主義、社会主義国家を含めた国家間の関係や、それらと国内の諸勢力との関係、国家の枠を超えた民衆・人民の共感や連帯、既存国家の中にある諸民族の自立と共同といった、現代に生きる我々が、いまなお直面し、あるいは克服しなければならない、多くの問題がそこに表出している」(「解説」斉藤孝『スペイン戦争――ファシズムと人民戦線』中公文庫、一九八九年、二一八頁)。

そしてアジア研究の立場からは、実は戦後アジアの原点とでもいうべき諸要素がこの市民戦争を通じて出現したことも、スペイン市民戦争研究に意欲をそそられる一因である。

第二章　今日のスペインに見る市民戦争

1　国際旅団のモニュメント

日本人が抱くスペインのイメージは、灼熱の太陽と情熱の国。しかし冬はかなり寒い。マドリードでは最低気温が零度は普通で、氷点下四度という日もあった。朝、街を散歩すると公園の池が凍っていたりする。郊外にでかけてみると、日陰では雪が溶けないで残っていた。やはり現実の姿というのは、実際に自分の眼で見てみないとわからないものである。

私はこれまで何度かスペインを訪れている。最初はスペインの文化、すなわちフラメンコや美術に心惹かれたからだ。スペイン旅行を重ねるごとに多様な文化や重層的な歴史に眼を奪われた。やがて関心の焦点は、スペイン市民戦争に収斂していった。市民戦争を知ることでスペインの多様な姿がはじめて理解できる。そして市民戦争をいまの様々な問題と重ね合わせることで、日本やアジア、世界の抱える矛盾を、別の視点から理解できるのではないかと思うようになったからだ。

二〇〇三年には一月から四月まで三ヵ月間にわたり、セビーリャとバルセローナを中心にスペインに滞在した。この章ではおもに、そのとき体験した出来事を綴りながら、現代の視線でスペイン市民戦争を見つめ直してみたい。

二〇〇三年の訪問ではまず、首都マドリードにあるという国際旅団のモニュメントを訪ねてみることにした。国際旅団とは、劣勢に立たされた共和国政府を支援しようと、各国から馳せ参じた市民による義勇兵で組織された軍隊のことである。アメリカの文豪、ヘミングウェイやイギリスの作家、ジョージ・オーウェル、さらにフランスからは後に文化大臣を務めたアンドレ・マルローや哲学者のシモーヌ・ヴェーユなど、著名な文化人が参加したことでも有名である。こうした著名人に代表されるように、義勇兵の多くは軍隊の経験を持たず、スペインで短期間の軍事教練を受けて最前線に送り出される即席の軍隊だけに、正規軍である反乱軍を相手にした戦闘の犠牲は甚だしいものであった。

その国際旅団のモニュメントがある場所は、文献によるとマドリード市内のフエンカラールというところである。マドリードで在スペイン二〇年近い日本人に尋ねたが、そんな場所は聞いたことがないという。彼女の知人のスペイン人にも聞いてもらったが、知らないという返事。それでもフエンカラールにそのような場所がないか調べてもらったところ、フエンカラール市立墓地という所があるという。一月十五日、地図を片手に現地へ向かった。

墓地にはフエンカラール駅のほうが近いのだが小さな駅のため、タクシーを拾えるかどうかわからない。そこで地下鉄で、市の中心にあるグランビア駅から市北部のチャマルティン駅へ向かう。国鉄のターミナルでもあるチャマルティン駅は近代的で大きな駅だ。タクシー乗り場で乗車して地図を見せた。三十歳代前半くらいの運転手は、市内には五ヵ所の墓地があるが、この墓地は行ったことがなく、まして国際旅団のモニュメントなど聞いたことがないという。それでも携帯電話を取り出して運転手仲間に電話し、場所を確認すると出発した。

スペインのタクシーはスピードを出すのが好きなようである。片側三車線の道路を時速一三〇キロ前後でビュンビュン飛ばす。駅から二〇分ほど走ると、団地の造成地がひらけてきた。大規模なマンションが次々と建設されている。

「ちょっと前は田舎で、何もなかったんですけどね」

運転手にそんな話を聞くうち、午後二時すぎに墓地へと到着した。彼に待っていてもらうよう頼んだが「昼食がまだなので……」と、嫌がっている様子だ。それでもモニュメント探しを手伝ってくれる気になったのか、タクシーを降りて墓地の管理人室をノックしてくれた。しかし誰もいない。スペインではこの頃が昼食時間なのだ。

「広い墓地をひとつずつ探して歩くのは大変だよ」

運転手に言われてどうしようかと思案していたところに、ちょうど管理人が帰ってきた。運転手に聞いてもらうと、場所が判明した。墓地の入り口から一〇〇メートルほど入ったところにそのモニュメントはあった。周囲に植えられたバラが生い茂って、文字を隠している。墓地を訪れる一般の人たちは、気が付かないだろう。上に瓦の屋根がついた、高さ三メートルほどの塀の壁に銘板がはめこまれていた（口絵4参照）。

たくさんの銘板があったが、そのうち一番大きなものには、次のように書かれていた。

国際旅団の義勇兵
英雄たちの墓
人民スペインの自由のために
すばらしい進歩と人間性を

その隣には、次のような銘板があった。

〝思い出〟
ここには若き英雄的な義勇兵たちが眠る
マドリードにおける自由を守るためのスペイン市民戦争（1936—1939）で

そしてたくさんの人たちの名前が刻まれていた。ユーゴスラビア人であったり、英米系の名前があったりした。彼らの人生は、スペインの人々の記憶に刻まれただろうか。しかしいまは、名前しか残されていない。銘板のはめこまれていた塀には、ダビデの星のマークも描かれていた。しかし銘板の付近には、彼らの墓とおぼしきものがなかった。フランコ時代は、共和国派はすべて弾圧された。民主化後にようやく復権したのだろう。

墓地の入り口の方へ歩いて戻る途中、御影石で作られた別の石碑を見付けた。

「ヨーロッパで自由のために闘ったスペイン人の想い出に　1939—1945」と書かれている。しかし誰が作ったのかは、記載がない。スペインに帰れなくなった共和国兵士に捧げたものだろうか。誰かが花を捧げていた。

その近くに、おもしろい形をしたモニュメントがあった。ソ連からスペインへと来た兵士たちのメモリアムだ。兵士たち数人が岩の中に向かっているような姿を描いたものだ。つまり正面から見ると、彼らは背を向けている。その意味するところは、何なのだろうか。スペイン内戦後にスターリンが市民戦争に関わった人々を処刑したことなども思い起こさせる。

フエンカラールから帰る道すがら、〝いま〟を生きるスペインの人々にとって、スペイン市民戦争は確かに歴史の一部となっているのだろうと考えた。石碑は確かに、理想に燃えて、現実と闘った人々の存在を示してくれていた。彼らの願いや理想に触れてみたい。私はそんな想いにとらわれていった。

2　戦争にノーを！

「みんなは戦争について、どう思う？」

スペイン南部の都市セビーリャで、語学学校に通ったことがある。その文法の授業の時間に、フアン先生が生徒たちに問いかけた。私も生徒の一人である。彼の言う「戦争」について説明はないが、アメリカがイラクを攻撃しようとしている戦争についてのことなのは明らかだ。

「もちろん反対です」

「アメリカはおかしい」

生徒から口々に、戦争反対の意見が出された。ただし、ここは語学学校である。発言はすべてスペイン語。そしていまは、「接続法」という文法を学んでいるところである。「私はブッシュが間違っていると考えています」と表現する時は「直説法」と呼ばれる普通の表現でOKなのだが、「私はブッシュが間違っているだろうと考えています」と言いたい時、従属節の動詞は「接続法」の活用をとらねばならない。英語にはない、その動詞の変化がまたややこしいのだ。発言のたびに、ファンに動詞の正しい活用を指摘されながら、それでも生徒たちは口々に発言を続ける。スイス人女子学生のリサはアメリカ人女子学生のジェニファーにいじわるく聞いた。

「アメリカ人はみんな、戦争が好きじゃないの？」

「南部ではそうかもしれない。でも人によるわ」と彼女は反論した。このクラスには、ブッシュに賛成する意見の持ち主はいないようだ。ファンは質問を続けた。

「どうすれば戦争を止められるだろうか？」

「各国の政府に訴える」

「デモで表現する」

私も討論に加わり、過去の戦争の歴史をきちんと理解すること、そしていまの職場などで戦争反対の意思表示をすることが大切だと思うと述べた。

それにしても、授業中に政治的な問題を討論することは、日本ではあまり考えられない。今回は特別なのだろうか。たぶん特別なのだと、私は思う。教師のファンが特に左翼思想の持ち主というわけではない。ファンだけでなく、アメリカが始めようとしている戦争に対する関心が、一般の人々の間でとみに高まっている。アメリカによるイラク攻撃が始まったのは二〇〇三年三月。その直前のことである。

テレビのニュース番組を見ると連日、戦争関連のニュースに多くの時間をさいている。例えば二月十二日には、セビーリャで最も格式のある劇場のテアトロ・セントラルに、著名なフラメンコの歌手や踊り手たち、あるいは画家などの芸術家が集まって、対イラク戦争反対の集会が開かれた。アンダルシアはフラメンコ発祥の地であり、彼らの発言は一般の人々に対する強いメッセージとなる。

事務の職場や工場、あるいは大学で、人々が戦争反対のステッカーを胸につけている。私の通う語学学校でも、もちろんそうだ。スペインの児童生徒が通う一般の学校でも、戦争反対の意思表示がなされている。小学校でも子どもたちが参加して戦争反対の集会が開かれる。ニュースで記者のインタビューに対し、小学生たちが口々に「たくさんの人たちが死ぬから戦争はだめだ」と答えていたのが印象的だった。しかもある日のニュースでは小学校にとどまらず、幼稚園でも戦争反対のうねりが広まっていることを伝えていた。幼稚園児たちが「No a la Guerra《ノー・ア・ラ・ゲラ》（戦争にNOを！）」の標語を画用紙に書いていた。それを先生たちが園内に掲示するのだ。日本だったら、「子どもたちを政治に巻き込んではならない」という理由で、こうした授業を先導した教師たちは処分の対象になるかもしれない。しかしスペインでは、そのような動きはまったくない。さらに言えばスペインでは、子どもたちも感じざるを得ないほど、戦争に対する危機感が高まっているのである。

二月十五日の土曜日は、今回の戦争の動きに対して世界中で統一して抗議のデモが行われる日である。スペインでは前日に主要全国紙の一面を使って、国民にデモへの参加を呼びかける宣伝が出された。

「この戦争を私たちは止めることができる」

「No a la Guerra」

戦争にNOを訴える大きな文字が紙面に躍る。アスナールを首班とする当時の国民党政権はイギリスと同様、アメリカ支持の方針を打ち出している。このため今回の抗議デモは、野党による反政府デモの色彩も帯びている。新聞広告には前政権を担っていた社会労働党や左翼連合といった主要野党はもちろん、小規模の政党も名前を連ねている。戦争反対の一点で大同団結したわけだ。

デモ当日のセビーリャは快晴だった。午後一時にデモ隊は、市役所前のヌエバ広場を出発する予定である。アンダルシア州の州都セビーリャは人口七〇万人あまり。スペイン第四の大都市だ。少なくとも数百人は集まるだろうと思いながら、私はヌエバ広場を目指した。ところが広場に近づくにつれ、大きな歓声が響いてくる。ようやくたどり着いた広場は、身動きもできないほどの人だかりだ。周辺の道路も大混雑である。ふつうのおじさん、おばさんたち、ネクタイを締めた紳士、学生、小さな子どもの手をひいた親子連れ。鼻や口にピアスをした若者たち。とにかくありとあらゆる人たちが集まっている。みんな胸に色とりどりでデザインも様々なステッカーを貼っている。だがそこに記された文字は、いずれも「No a la Guerra」。いろんな政党や労働組合が作ったりして配ったものだ。私もデモの群衆の中をうろうろするうちに、何種類ものステッカーを手渡された。人々は政党名の異なったステッカーを何種類もジャンパーに貼り付けている。私もスペイン人にならって、そのステッカーを全部ジャンパーにぺたぺたと貼った。それにしても大混雑だ。日本の場合で例えれば、正月の参拝客で賑わう東京の明治神宮と、クリスマス客で賑わう神戸のルミナリエの混雑をあわせたような人込みである。どこまで続いているのか、見当もつかない。

予定の出発時間から三〇分ほども遅れて、ようやくデモ隊が動き出した。人々は手に手に、手作りのプラカードや横断幕を持っている。そこには様々なメッセージが書かれている（口絵5参照）。

「この戦争もまたテロリズムだ」

「戦争を止めよう」

対米追従のアスナール政権に対する批判も多い。

「政府は辞任せよ」

英語で「アスナール・ゴー・ホーム」もあった。アスナール首相がブッシュ大統領のおしりをなめているという、ちょっと下品な絵も目立っていた。

「ヒロシマを忘れるな」という看板もあった。

デモ隊の中で、ひときわ歓声の目立つ一群がいる。人々の波をかき分けかき分け近寄ってみると、スーパーマーケットの店内で使う、コロのついた大型のカートを何台もつなぎあわせて大きな戦車を作り、その上に女子学生が乗っている。彼女は「ノー・ア・ラ・ゲラ」の掛け声を先導し、それに応えて人々が何度も「ノー・ア・ラ・ゲラ」と繰り返しているのだ。血のペイントを顔にしている人たちもいる。デモ隊の人々は太鼓をたたいたり、笛を吹いたりして、とてもにぎやかだ。戦争反対というテーマでも、深刻な印象はなく、ビールを片手に陽気にやるのがアンダルシア流だ。

ヌエバ広場から大教会前を通り、かのカルメンも働いたタバコ工場の建物前あたりまで二キロほど、ふつうに歩けば二〇分ほどの道のりを、結局三時間あまりかけて行進し、デモは終わった。いつもは観光客で賑わうこの界隈もこの日ばかりはセビジャーノ、セビジャーナス（セビリャっ子）に占領され、観光客を乗せる馬車のおじさんたちも商売あがったりの一日だった。

その日の夜のテレビニュースを見ると、マドリードでは目抜き通りのグランビアが人の波で埋まり、上空から撮影した映像では蟻の群れが街中を埋め尽くしたかのようだった。翌日の新聞によれば、セビーリャでのデモ参加者は、治安を担当する国家警察発表で一〇万人、主催者と地方警察発表で二五万人という。さらにスペインの他の主要都市では主催者発表でマドリードで一〇〇万人、バルセローナでは一三〇万人に上ったという。同じ新聞で外国と比較すると、ロンドンの一〇〇万人に匹敵し、ベルリンの五〇万人、パリの二五万人と比べてスペイン国民の反戦意識はきわめて高いと言える。アメリカに直接ものを言うことはできないけれど、しかし黙ってはいられないスペインの人々の気持ちは明確に示された。しかもおとなたちばかりでなく、たくさんの子どもたちがデモに参加していた。むずかしいことはまだわからなくとも、社会の問題を肌身に感じ、それをどう表現すればよいか、身体で理解していくことだろう。ひるがえって、日本ではどうだろうか。ちなみにスペインの新聞で伝えられた東京でのデモ参加者は二万五千人、セビーリャの一〇分の一の規模であった。

3 オリーブの墓標

「私は幼い頃、グラナダのベガ（沃平野）にある、とても無口だが香りのよい村で暮らした」

スペインで生まれ、世界的に最も有名な詩人のひとりであるフェデリーコ・ガルシア・ロルカは一八八九年六月五日、アンダルシア州グラナダ県のフエンテバケーロスという小さな村で生まれた。

ロルカはスペインの風土に根ざした多くの詩集を残した。そのひとつに例えば、フラメンコがある。その唄は口承で受け継がれてきたものだが、二十世紀に入ると古い文化は見捨てられ、フラメンコも衰退していた。音楽の才能にも富んだ彼は、フラメンコにすぐれた古老たちから様々な唄を取材し、『ジプシー歌集』、『カンテ・ホンドの詩』と題して詩集にまとめた。それだけでなく、大規模なフラメンコ・フェスティバルもスペインではじめて開催し、フラメンコの復興に尽くしたのである。また彼の詩で代表作のひとつは、稀代の人気闘牛士が闘牛で死亡した事故を題材にとっている。さらに彼は著名な戯曲の作家でもある。スペインの土着的な風土と人間を描いて、『血の婚礼』、『イエルマ』、『ベルナルダ・アルバの家』など、映画化されたり、いまでも世界で盛んに上演されたりする数々の戯曲を残している。

グラナダの中心部からタクシーで三〇分ほど走ると、そこは一面が緑の畑で、豊かな田園地帯が広がる。白樺に似た木が整然と植林され、風景のアクセントになっている。豊穣で昔ながらの古い土地柄を想わせる。車はフエンテバケーロス村に入ったことを示す看板を過ぎて五分ほどで、村の中心となる広場に到着した。その隣にロルカの生まれた家が残され、いまはガルシア・ロルカ記念館として公開されていた（口絵6参照）。

一階は椅子やテーブル、ベッドなどがその頃のままに保存されている。こじんまりとして大きくはないが、暖炉やアップライトピアノ、そして庭もある。両親とも教師などの仕事を持つ、知的で恵まれた家庭であり、その頃としては立派なものだった。時には一家で暖炉を囲んだのだろう。大金持ちではないが、しかし温かな家庭を思わせた。小学校時代の写真もあった。全校生徒あわせて数十人という小さな学校である。その写真の最前列中央に、女の子かと見間違うかわいらしい子どもがいた。その子がロルカだった。

フランコ政権時代のスペインでは、ロルカの名前を口にするのもはばかられたという。しかしフランコが死亡した一九七五年以降スペインの民主化が進み、それとともにロルカの作品も復権した。フエンテバケーロスには彼の名前を冠したロルカ劇場も作られ、彼の作品を中心に上演されている。グラナダ市内にはロルカ公園も造られた。一面にバラの木が植樹され、お年寄りが散歩したり、子どもたちが遊びに興じたりしている。その一画に、彼が一九二七年から三六年にかけて毎年の夏を過ごした家が、やはりロルカ記念館として公開されていた。

ロルカの生家もそうだったが、見学は自由にできるシステムにはなっていない。係員の説明がついて、一日何回かの決められた見学時間があり、それ以外は家の扉は閉められている。事前にそれを調べて夕方の時間に訪ねてみた。ところが係の人は、「きょうはいっぱいだから、あしたまた来て」と言う。そんなことを言われても、翌日の朝にはグラナダを発つ予定である。「あした帰るから」と粘ってみると、なんとかその日最後の見学グループに入れてくれた。一時間ほど時間をつぶして訪れてみると、係員がそう言った理由がわかった。小さな家なので、一度に十数人が入れば部屋はいっぱいになるのである。この日は、たまたま学生たちのグループが予約していたので、私はあやうく見学できなかったかもしれないのだ。

この家も、ロルカが滞在した頃そのままに保存されていた。豪邸ではないが、しかしグランドピアノが置かれたサロン、快適なソファで十人程度はくつろぐことのできる応接間、施設が整った台所、そして二階にはロルカの書斎。使いやすそうな大きな机、質素だが座り心地のよさそうな椅子があった。窓から望む風景は、いまは大きなビルができて遮られてしまったが、ロルカが生活した頃はシエラネバダの山並みが一望できたという。ロルカは冬の間に各地を旅行して取材し、夏にこの家にこもって執筆活動に励んだ。アメリカに滞在した時に書かれた『ニューヨークの詩人』を除いて、彼の主な著作はこの家で書かれたという。この家には彼の家族とともに滞在した。「恋は魔術師」などの作品で知られるスペインを代表する作曲家のファリャはロルカの友人で、彼も度々訪れては、ピアノを弾いたという。家族と友人に恵まれたロルカがしのばれた。

だが、彼がいまもその名を残すのは、その業績のゆえだけではない。スペイン市民戦争が戦われていた最中の一九三六年八月十九日、彼はフランコ将軍ひきいる反乱軍の手により銃殺されたのだ。ロルカは共産主義者でも、アナーキストでもなかった。彼は詩や戯曲などで反乱軍を批判したわけでもなかった。それどころか、彼は右翼と目される人物たちとも親交があった。だからロルカは、アメリカに亡命してはどうかという誘いを断ったりもしている。彼は当初、自分がフランコ派から命を狙われるとは思っていなかったのである。しかし戦いが激しさを増す中で、ロルカも身の危険を悟り、軍隊にも顔が利くグラナダの有力者のもとに身を寄せた。しかし反乱軍はそれをものともせず、ロルカを拘束し、彼は悲劇の最期を迎えたのである。

なぜ反乱軍はロルカを殺害したのだろうか。ロルカはスペインの土着の思想を受け継ぎながら、その中から魂の自由を求める人々の声を代弁したのだと、私は思う。反乱軍にとってマルクス主義は外来思想であり、キリスト教会や大地主など、従来の保守的な勢力にとってわかりやすい敵である。しかし土着の人々から自由を求める声を汲み取るロルカこそ、一見敵とは見えないが、しかし実は最も手強い敵となりかねない。反乱軍はそう直感したのではないだろうか。

ロルカが殺害された地を目指すことにした。いまではそこもロルカ公園となっているらしいが、詳しい地名がわからない。グラナダ市内のロルカ公園でお年寄りに聞いてみた。

「ロルカが亡くなった地であるロルカ公園を知りませんか？」

しかし彼らは、「ここがロルカ公園だ。彼が死んだ場所なんか知らないよ」としか答えてくれなかった。公園の係員に聞いても、そんな公園は知らないというばかりだ。あいにくこの日はロルカ記念館の定休日で、詳しい人も近くにはいない。近くのタクシー乗り場で、人のよさそうな運転手さんに聞いてみると、行ったことがあるという。

そのタクシーで、時速一二〇キロで飛ばして約三〇分。シエラネバダの白い山並みを横目に見ながらアルファカールという山村に到着した。村の住宅は比較的新しく、市民戦争の頃にはほとんど住民はいなかっただろうと思われた。車は村の集落を通り抜けて山地を目指す。ごつごつとした岩肌の間を縫うように、ところどころに灌木が見られる荒れ果てた山だ。その山間に、目指すロルカ公園はあった。公園とはいうものの、丸い広場の正面にロルカの詩の一部を書き込んだ陶板八枚があるだけだ。公園の入り口には、次のような文章が書かれた銘板があった。

この公園はフェデリーコ・ガルシア・ロルカの思い出、そしてすべての市民戦争の犠牲者に捧げる。一九八六年四月二十七日、D・ファン・ウルタド・ガジャルド・グラナダ県知事のもとに落成式が行われた

そんな文句があるだけだった。特別なロルカ追悼の文も、そして彼の墓もない。公園とは名ばかりの、荒れ果てた山の中。その公園の片隅に、樹齢が数十年にもなろうかというオリーブの古木が一本あった。木の周囲は一メートル八〇センチ、高さは三メートルにも達する。その木肌はごつごつと荒れ、長年の歳月をしのばせる。彼が銃殺されたあとには、オリーブの木が植えられたという。そしてこの公園こそ、その場所である。園内にある他のオリーブは若い木ばかり。そこには何も書かれてはいないが、確かにロルカはこの木の下に眠っているのだ（口絵7参照）。

緑よ／私は緑を愛する／緑の風よ／緑なす枝よ／海に浮かぶ舟よ／山に遊ぶ馬よ

（『ジプシー歌集』より「夢遊病者のロマンセ」）

緑を愛した詩人が眠るのは、緑ゆたかなグラナダのベガではなかった。その跡を示すものは、長年の風雪に耐えたオリーブの墓標だけだった。タクシーの運転手に聞いてみると、「ロルカの家を訪ねる観光客はいても、ここまで来る人はほとんどいません」とのことだった。

もしも私が死んだなら
バルコニーの窓を開けたままにしておいておくれ
子どもたちがオレンジを食べる
（私のバルコニーからそれが見える）
農夫が小麦を収穫する
（私のバルコニーからそれがわかる）
もしも私が死んだなら
バルコニーの窓を開けたままにしておいておくれ！

（『もろもろの歌』より「さらば」）

そう詠んだ彼の願いはかなえられなかった。確かに彼の生家や夏の家は記念館として残され、ロルカ公園も整備された。ロルカ劇場も地元にできた。しかし私は気付いていた。記念館で係員があれこれ説明するのは、彼が活躍した時代のことであり、彼の作品についてでありそれがすべてだった。彼がなぜ、どのようにして死んだのか、ひとことも付け加えられることがなかった。市民戦争について、説明文の一枚もなかった。もちろん聞けば、その事実関係は答えてくれただろう。しかし私は、あえてそれを聞かなかった。ロルカが生きた証は確かにある。しかし彼の死はいまだにスペイン人の心に一定の位置を占めてはいない。

「ロルカの墓なんかないよ。この公園があるだけさ」

私にそう語った老人たちの言葉は、いまなお残る市民戦争の傷の深さを語るものだったのかもしれない。

4　古い墓穴

「すみません。でも、このあたりに市民戦争のモニュメントはありません」

タクシーの運転手はすまなさそうに私に謝った。私はタクシーを降りると、通りを歩き始めた。バルセローナの西のはずれに近い、モンジュイックの丘を訪ねた時のことである。

モンジュイックはバルセローナ港を臨む海抜一八〇メートル足らずの小高い岩山である。かつては中世の要塞だったが、一九二九年のバルセローナ万博の時に一帯が整備された。さらに一九九二年のバルセローナ・オリンピックでは主会場となり、オリンピック・スタジアムなどが建設された。その隣に日本人建築家の磯崎新が銀色の屋根を輝かせるサン・ジョルディ・スポーツ館を設計したこともあって、バルセローナっ子の間ではイソザキの名前はポピュラーで、その後彼はバルセローナのしゃれたレストランなどの設計も手掛けている。その他、モンジュイックの丘にはピカソと並ぶスペインの巨匠ジョアン・ミロ美術館、貴重なロマネスク美術の殿堂カタルーニャ美術館、スペイン各地の特色ある建物を一ヵ所に集めたスペイン村など、さして広くはないこの丘一帯に有名な観光地が目白押しである。それなのにタクシーの運転手さえ、モニュメントの存在を知らないのである。

確かに、市役所の観光案内係で聞いてもわからなかった。それならばと、スペイン市民戦争時代に共和国陣営の有力な一員だった共産党を訪ねてみたが、彼らも知らなかった。応対してくれたのは、党が出版している機関誌の記者も兼ねている女性で、古参の党員などにも問い合わせてくれたのだが、結局彼女もすまなさそうに「わからない」と答えるばかりだった。それでもあきらめず、市民戦争時代から続く古い労働組合を訪ねると、ようやく場所が判明した。様々な施設で埋め尽くされたモンジュイックの丘を地図で見ると、共同墓地の隣に何も記されていない場所がわずかにある。そこが、共和国派の人々が虐殺された場所だという。

その場所を地図にチェックしてもらってタクシーに乗ったのだが、どこから入ればよいのか、入り口がわからないのだ。折よくパトカーが通りかかった。

「共和国派の人々が眠る市民戦争のモニュメントはどこにありますか?」

「それなら、手前の砂利道を歩いて丘を越えた所さ」

さすがに警官だけあって、地元のことはよく知っている。その砂利道は工事用の道路としか思えなかったのだが、とにかく行ってみることにした。木立の間の山道を歩くこと約二〇分。丘の頂上付近に出ると、展望が開けてきた。左側には眼下に巨大なオリンピック・スタジアムが見える。後ろ側のいま歩いてきた道の向こう側にはバルセローナ港、そしてたおやかな地中海が一望できる。そして右手を見ると、断崖の下が広場になっている。サッカー場ほどの広さがあり、一面が芝生で覆われている。だが、そのまわりはくるっと崖に囲まれていて、モンジュイックの他の地区とは隔絶されている。ここが目指す場所だった(口絵8参照)。たくさんの観光客で賑わうモンジュイックの真ん中に、ひっそりと真空地帯のように存在していたのだ。確かにこの周辺を車で走っているだけでは、このような広場があるとは全く気がつかないだろう。低い木立をかきわけて崖の端まで慎重に進む。崖の上からその広場を見下ろすと、切り立った崖の高さが二〇メートルから三〇メートルはある。万が一足を滑らせでもしたらと思うと、脚がすくむ。バルセローナの街が変化し、スペインが近代化する中でも、この場所だけは高い崖にはばまれ、すっぽりと時代から取り残されてきたのだ。

転ばないよう気をつけながら山道を下りて、その広場にたどりついた。入り口には高さ六メートルほどの細長いコンクリートの柱が約三〇本並んでいる。四つの面を持ったそれぞれの柱には、ぎっしりと名前が刻まれている。この柱は、この地で虐殺された人々の墓標なのだ。共和国派の人々は、同じスペイン人であるフランコ派の手によってここで銃殺されたり、崖から突き落とされたりして虐殺された。死者の谷だった。柱に刻まれた人々の人数を概略で計算してみた。ざっと四、〇〇〇人である。姓と名前がきちんと書いてあるものは少数で、名前だけや姓だけのものがかなり多い。手がかりが少なかったのだろう。ということは、姓や名前さえわからず、ここで虐殺された人々も多いはずだ。

スペイン市民戦争で共和国派は約七〇万人が死亡した。そのうち、戦闘で死亡したのは約三〇万人。死者の半数以上にあたる四〇万人はフランコ派に捕らえられ、処刑されたり、飢死したりしたと言われる。バルセローナはスペイン第二の都市で、首都マドリードと並ぶ共和国派の拠点だった。フランコ陣営を支持する者は少数派で、総選挙では圧倒的多数が人民戦線内閣を支持した。それだけに、フランコ派が勝利したあとの弾圧は過酷をきわめたのだ。

入り口に並ぶコンクリート柱のうちの二本に、カタラン語で次のような碑文が刻まれていた。

石ころだらけのこの墓場に、銃殺された人々が眠る。一九三九年、ファシストの軍隊によって、この野原に投げ棄てられた。彼らのほとんどは無名のままだが、私たちは彼らを誉め称える

この古い墓穴がどこにあるのか、私たちは一九七九年に知った。このつつましやかなモニュメントは、犠牲となった貧しく、そして無名の人々との連帯を表現したいのだ。あなたたちの思い出は、いつも私たちと共にある

市民戦争が終結し、フランコが政権を握ると、スペイン各地の地方自治は抑圧され、強力な中央集権体制がとられた。いわゆるスペイン語は、本来はマドリードを中心としたカスティーリャ地方の言葉でカスティリャーノと呼ばれる。これに対してバルセローナを中心とするカタルーニャ地方ではカタラン語が話されてきた。カスティリャーノとフランス語の中間のような言語である。だがフランコ時代はカタラン語の使用は禁止されたのだ。この碑文にスペイン語ではなくカタラン語が使われているのは、そうした背景もある。そして、一九七五年のフランコ死後、スペインは独裁政権から解放され、民主化されたというのに、共和国派の拠点だったバルセローナでさえ、内戦の傷跡は癒されていない。このモニュメントを知る人は、バルセローナ市民でさえほとんどなく、さらにこのモニュメントを誰が作ったのかさえ記されていないのだ。

広場は一面の芝生が青々と心地よい。白い野ウサギが元気よくはねまわっていた。その広場の端のほう、崖の真下に大小あわせて約五〇基の墓標があった。ここで犠牲となった人々の家族が作ったものが大半だ。中には一家五人の名前が刻まれた墓標もあった。少し規模の大きなものもあった。ダビデの星をかたどり、ユダヤ人の犠牲者を追悼したものだ。その碑文には次のように書かれていた。

スペインにおけるファシズムの勝利は、ヒトラーが次々と人間の品位を奪ってゆく過程の第一歩を教えるものだった

私たちがあなたたちから受けた借りは、計り知れない。ユダヤ人義勇兵は人々の模範として輝かしい献身と自己犠牲を見せた

国際旅団に参加して共和国陣営で闘ったオーストリア人への慰霊碑もあった。ユダヤ人関連の慰霊碑が多いということは、名前を刻んだモニュメントを作ったのもユダヤ人かもしれない。

スペインの文豪セルバンテスが著したドン・キホーテは、マドリードにほど近いカスティーリャ地方ラ・マンチャの郷士だが、スペイン各地を遍歴したあげく、バルセローナで正気に戻った。セルバンテスがなぜこの地で、彼を夢から現実に引き戻したのかは知らない。しかし共和国派の重要な砦だったバルセローナで、人々はドン・キホーテのごとく、自由と理想をかなえる社会の夢から現実に引き戻されたのである。

モニュメントに別れを告げて、バスで帰ることにした。この付近は美術館や競技場とはモンジュイックの丘をはさんで反対側にあり、ふだんからあまり人気のない場所である。バス停で、墓参り帰りのおばあさんたちとともにバスに乗り込んだとき、同時に数人の若い人たちもバスに乗り込んできた。彼らは鼻や口にも派手なピアスをつけたパンクファッションなのだが、様子がどうもおかしい。椅子や床に座り込んで、眠り込む者もいる。血の付いたティッシュを見て、「やはり」と思った。彼らは麻薬中毒なのだ。その証拠に、共同墓地に注射針が散乱していたのである。バスに乗り込んでくる一般の乗客は彼らから目を背け、近寄ろうとはしない。いまから約半世紀前、人々が自らの命をかけて闘い、無念の死を迎えた場所のすぐ近くで、若者が無為に人生を過ごしている。

雲ひとつない青空の続くバルセローナで上空を見上げると、はるか上空にジェット雲が幾筋も見える。超高空を飛行するのは、軍用機に違いない。スペインはイラク攻撃に関して英米と共同歩調をとっている。スペインの米軍基地から発進する偵察機なのかもしれない。

このモニュメントのある場所を教えてくれた老人が、こんなことをつぶやいていた。

「確かにいまのスペインは、経済的には良くなった。しかし、魂は死んだ」

太陽と情熱の国スペインの隠された断面を垣間見たように思った。

5　元兵士たちとの対話

バルセローナの旧市街を貫く目抜き通り、ランブラス通りからはずれて五分ほど歩くとバルセローナ現代美術館に行き着く。ミロ、タピエスなどバルセローナを代表する画家からアバンギャルドな作家まで収集した、カタルーニャのモダンアートの殿堂だ。白い壁にガラスとパイプを組み合わせたビル自体が斬新な現代美術になっている。そんなバルセローナの新しい顔とすぐ目と鼻の先に、目指す建物はあった。モダンな美術館を見たあとだけに、細い路地に面した灰色のすすけた六階建てのビルは、いかにも前世紀の遺物という印象だ。そのビルは一階が書店になっていた。店に入り、レジの横にある階段を上ると、そこがCNT・全国労働連合の事務所だった。

CNTは、すべての権力を否定し自由な社会を目指すアナーキズムを労働組合運動によって実現しようとするアナルコ・サンジカリストの労働組合だ。市民戦争中はその実戦部隊が最前線で活躍し、さらにCNT幹部四人が共和国政府に入閣するなど、フランコの支配が始まるまでは全国的に有力な勢力を持っていた。アナーキズムというと、バクーニンや暴力主

写真 2　CNT の元民兵たち。右からホセ・ガルシアさん，ヘスス・ラモンさん，アンヘル・リロラさん

義がすぐ頭に浮かぶが、スペインのアナーキズムはそうした外来の思想と、スペイン土着の個人主義が合体したもので、根強い伝統を持っている。スペインで女性としてはじめて閣僚となったバルセローナ出身のフェデリーカ・モンセニーは厚生大臣として封建的な社会制度を改革し、女性や子どもの解放に力を尽くすなど、CNTはその時代に世界で最先端の社会改革に取り組んだ。

そのCNTの事務所で私を出迎えてくれたのは、市民戦争時代に民兵だったホセ・ガルシアさんだ。民兵とは共和国の正規軍ではなく、フランコ軍と闘うため組織された一般民衆部隊の兵隊のことだ。一九一四年生まれでそのとき八十九歳のホセさんは、白髪で大柄な人だ。仕事はずっと金物工をしていたという。確かに、握手してくれた大きくて硬い手は労働者のものだ。父親は、スペイン独特の飲食店であるバールでカマレロ、つまり給仕をしていた。生活は厳しく、彼は大学へ進学することなど考えてもみなかった。仕事を一通り覚えると、十九歳で彼はCNTに入った。共産党や社会党系の労働組合ではなく、なぜCNTだったのだろうか。

「友達がみんなCNTだったからさ。両親も喜んでくれたよ」

工業や商業の発達したカタルーニャ地方では労働人口が多いこともあってアナーキズムが盛んで、バルセローナはCNTの最大の拠点となり、共産党が勢力を伸ばす前はCNTがバルセローナを事実上支配していた時期もあった。ホセさんがCNTに入ったのも、自然の成り行きだったのである。だが二十二歳の時、市民戦争が勃発した。ホセさんも民兵として銃を持ち、フランコ軍と戦った。

「悲惨な戦いでした」

彼は市民戦争時代の詳細については、あまり語りたがらないようだった。私が初対面で、スペイン語もつたないという理由もあっただろう。だがそれだけでない、深い思いがあるように思えた。バルセローナでは内戦中の内戦と言われた、アナーキストと共産党との激しい銃撃戦もあった。共産党はソ連の支援を受けて勢力を伸ばし、アナーキズム勢力の排除にかかったからだ。ホセさんは自分の眼で、そうした現実を目撃したはずだ。市民戦争が終わったあと、ホセさんは二年間投獄された。フランコは、民兵だった人たちはもちろん、共和国を支えた政党や労働組合に入っていたという理由だけで、人々を次々と逮捕したからである。様々な幸運もあって、他の人たちより早く牢を出られたホセさんは、その後も密かにCNTの活動を続けたという。フランコ支配下の時代に、ストライキを企てたりしたことなどを語ってくれた。そして、様々な弾圧にもかかわらず活動を続けた頃と比べて、「自由に活動できる時代なのにいまのCNTは最悪だ」と、ため息をもらした。話す表情は穏やかだが、いまも内心にふつふつとたぎるものがあるようだ。

ホセさんと同じ席で他に二人の方にも話を伺った。ひとりはホセさんよりひとまわり世代が後のヘスス・ラモンさんだ。一九二九年生まれのそのとき七十四歳で、市民戦争が勃発した時はまだ十歳だった。仕事はホテルの警備員などをしてきた。内戦時代を見て「共産党は悪魔だ」と感じ、CNTに入ったという。

もうひとりは市民戦争の最中だった一九三七年生まれのアンヘル・リロラさんだ。職業を転々とし、最後はタクシーの運転手だった。「すべてに反逆するというアナルコ・サンジカリズムに共感した」という。

私がCNTのいまの勢力を聞くと、彼らは笑いながら「質問してくれるな」と言う。それが答えなのだ。政府は労働団体とも様々な交渉を行うが、CNTだけは蚊帳の外に置かれている。CNTが権力を否定するからだ。そうすると、現在の厳しい経済環境の中で、労働者もより有利な労働団体を選択するようになる。

話題が市民戦争時代の共和国政府の話になった。CNTから四人が入閣したことについてホセさんとヘススさんは容認した。様々な社会改革を実行したからだ。しかしアンヘルさんは「間違っていた」という。無政府主義を唱えて権力を否定するアナーキストが政府の一翼を担うこと自体、自己矛盾だからだ。三人の間で激論になった。アンヘルさんはアナーキズムの正統派なのに対し、ふたりは改革派だ。青春時代をかけた活動に話が及ぶと、いまでも熱くたぎるものがあるのだ。

別の日に再びCNTを訪ねた。お目にかかったのは一九一九年生まれのエンリケ・カサーニョさんだ。父は技師、母は服を仕立てる内職をしていた。家庭は豊かではなく、小学校を卒業するとすぐにペンキ職人になった。十七歳の時に始まった市民戦争ではCNTの民兵と

写真3　CNTの元民兵，エンリケ・カサーニョさん

なって前線におもむいた。

「アナーキズムは個人を大切にする思想であり、男も女も、子どもも老人も同じ人間だという考え方だ。それが社会の進歩へとつながる」

そんな信念に突き動かされてのことだった。

戦後五年間フランスに逃亡したが、スペインに戻された。しかしこのままスペインにいては命が危ない。一九五一年から二五年間ブラジルへ逃亡した。スペインに戻れたのはフランコが死んだあとの一九七六年だった。彼が生きる支えとなったのはアナーキズムだった。

「アナーキズムはモラルであり、生きるための思想なのです」

エンリケさんは八十四歳のいまも、時折CNTの事務所を訪れては、若い人たちと議論を交わすという。

6　市民戦争を生き抜いた女性の物語

バルセローナの大聖堂近くに、様々な労働団体が入居する労働会館ビルがある。CNTとは比べものにならない規模で、デパートかと見まがうほどの大きさだ。その二階の一室が、カタルーニャ反ファシスト政治犯救援協会だった。この協会は、様々な労働団体などが作っている組織で、様々な政治犯に対する救援活動とともに反戦平和活動にあたっている。その運動の中心になっているのは、かつては市民戦争を戦ってきた人々だった。時代が下って、市民戦争を知る人もほとんどいなくなったが、私が取材したい旨を告げると、市民戦争時代を生き抜いたひとりの女性が自らの人生を語ってくれた。

ライア・ベレンゲルさんは一九二〇年、バルセローナから一五キロほど離れたサン・フェリュウ・デ・コデリネスという小さな農村で生まれた。両親は農家だった。裕福ではないが、自分の土地を持ち、野菜や果物を作っていた。四人兄弟で、市民戦争が起きた時、長男は二一十歳、彼女は十六歳、次女は十二歳、いちばん下の妹は八歳だった。自作農だったが、両親は共和国を支持した。両親の友人たちもそうだった。古い勢力を支持する人たちは封建的だったが、彼女の父は違った。家庭や学校では自由が、そして政治には民主主義が必要だと考えていた。ライアさんの両親は、女性も解放されなければならないと考えていた。スペイン市民戦争が始まる頃、服の製造工場で働いていたライアさんはＪＳＵＣ・カタルーニャ統一青年社会主義同盟に入った。ＪＳＵＣは共産主義者のグループや、アナーキストのグループなど四つのグループに分かれていたが、彼女が参加したのはそのうち社会党員たちのグループだった。

開戦と同時に父や兄は志願して共和国のために戦った。兄はマドリードの戦線で戦った。ライアさんは内戦中に十七歳のアナーキストと結婚した。夫はアラゴン戦線へと旅立った。ふたりの妹は内戦中に病気にかかり、十分な治療もできずに亡くなった。

共和国が敗れると、ライアさんは両親とともにフランスのボルドー地方へ逃れた。歩いてピレネー山脈を越える人たちも多かったが、ライアさんたちはなんとか列車に乗り込むことができた。だが列車に窓はなく、ドアは閉められて何も見えなかった。トイレもなかった。食べ物もほとんどなく、五日間をわずかなパンだけでしのいだ。だがフランスで彼女たちスペインの難民は受け入れられなかった。ライアさんたちはフランスでも警察に追われ、強制的にバルセローナへ戻された。

バルセローナでは、臨時の留置場となっていたビルの駐車場に、大勢の人たちとともに収容された。シャワーはもちろんトイレもなく、食べ物も与えられなかった。ライアさんのおじさんが、留置場を探し当てて食べ物を差し入れしてくれ、何とか生きながらえることができた。だが家族や親戚から差し入れのなかった人たちは何も食べるものがなく、餓死する人もいた。男たちは秘密警察に拷問された。ドイツの秘密警察はスペインの警察に様々な拷問の仕方を教えたのだ。女性は暴行された。そして死刑はいつも理由なく行われた。

写真4　カタルーニャ統一青年社会主義同盟の元メンバー，ライア・ベレンゲルさん

ライアさんの夫も逮捕され一〇年の刑が下ったが、刑務所から強制的にアラゴンの村へ移され、強制労働させられた。二日間労働し、三日間刑務所の

繰り返しだったという。やがて彼らカタルーニャ人は、モロッコを鎮圧するためアフリカに兵隊として移され、夫はそこで戦死した。

マドリードにいた兄は逮捕されたが、収容所から脱走し、フランスへ逃亡した。彼が生きているかどうか、いまも分からない。

父は故郷で知人にかくまってもらい、しばらく過ごした。家も土地も政府に取り上げられてしまったからだ。その後、苦労して再び農業に就いた。

ライアさんは目を潤ませながら、自らと家族の人生を語り続けた。

「市民戦争で戦った人々は、民主主義とは何かをよく知っていたと思います。共和国は女性と男性を同じに扱った。だがファシストに対する対応が遅すぎた」

市民戦争後、ライアさんは服飾工場や食堂などで働いてきた。子どもはいない。いまはバルセローナ郊外のアパートでひとり暮しだ。

「スペインはとても高い代償を支払いました」

高い代償を支払ったのは、ライアさん自身だ。だがそれに見合う見返りを彼女はまだ受け取ってはいない。

7　国際旅団友好協会

バルセローナの都心部にあるウルキナオナ広場近くのビルにＡＤＡＢＩＣ《アダビック》・カタルーニャ国際旅団友好協会の事務所がある。毎月一回の会合には会長のルイス・マルティさんら約一〇人の会員が顔を見せる。ルイスさんは市民戦争の経験者だが、戦争を知らない三十歳代の若い会員もいる。

　この会が結成されたのは一九九九年のことだ。ことのいきさつは、市民戦争時代に遡る。スペイン共和国首相のネグリンが、世界の各国から国際旅団に集い共和国の一員として闘った人々にスペイン国籍を与えると約束したのだ。しかし市民戦争にフランコが勝利し、この約束は忘れさられたままとなっていた。それが一九九五年になってようやく実現し、国際旅団に参加した外国人六二人にスペイン国籍が与えられた。しかし彼らはすでに高齢だ。彼らが青春を捧げたスペインを訪れるには、肉体的に様々な困難が伴う。たとえば車椅子の手配をはじめ様々な支援が必要だ。しかしスペインを訪れたい。そんな彼らを支援するとともに、その歴史と知識を広めるため、国際旅団友好協会が発足した。

写真５　カタルーニャ国際旅団友好協会。右から会長のルイス・マルティさん，フアン・マリア・ゴメスさん

私が訪れた日の会議は、二〇〇三年六月三日から四日間の日程で開かれる、「エブロ河の闘い六五周年記念集会」の実行委員会だった。エブロ河の闘いはスペイン市民戦争の中でも最大の激戦のひとつで、後々まで語り継がれている闘いだ。その現地を訪れて、国際旅団の意義を再確認するのが目的である。参加者はフランスから三〇〇人、このうち元兵士は一〇人。イタリアからは五〇人、このうち元兵士は三人。この他イギリス、カナダ、ブルガリア、ロシア、アメリカなどからも参加の予定だ。

友好協会会員のバルトミュー・セラさんは一九二三年生まれの八十歳。眼鏡にくちひげをはやし、哲学者といった風貌だ。仕事は新聞社の事務職員をしてきたという。共和国の元民兵のひとりでもある。彼は協会の会員になった理由について、次のように説明してくれた。

「フランスやイタリア、アメリカ、そして日本など世界の人々が連帯して民主主義のために闘ったのは歴史上かつてないことでした。四万人もの外国人が参加したが、帰国できたのは半数の二万人でした。彼らのことを忘れるわけにはいきません。彼らの思い出のためにもいまできることをしておきたいのです」

会議が終わった後、会長のルイス・マルティさんに話を伺った。ルイスさんは一九二一年生まれの八十二歳（当時）だ。父親は会社の経理担当者、そしてルイスさんは機械工だった。仕事を始めるとルイスさんはＪＳＵＣ・カタルーニャ統一青年社会主義同盟の共産主義者のグループに入った。市民戦争が勃発した後の三七年には警察官になった。やがて内戦に敗れると、ルイスさんはピレネー山脈を歩いて越えてフランスへ逃亡し、対ドイツ・レジスタンスとしてフランス人とともに闘った。しかし長くフランスにもいられず、一九四六年にバルセローナに戻ってきた。そして囚われの身となり、六年間刑務所に入った。

「大学には行かなかったが、刑務所で様々な本を読んで学び、考えました。私にとって刑務所が大学だったのです」

やがてルイスさんは建築会社に勤めてインテリア・デザイナーになった。カタルーニャ広場に面したデパートの香水売場は彼がデザインを担当したという。ルイスさんは戦後これまでずっと共産党員だったのだろうか。その質問に、彼は次のように答えてくれた。

「十七歳から三十歳まで私の人生は共産党のためにささげました。しかし共産党は、国会で議席を得るために、自由のために戦った人々のことを忘れてしまった。自分が長く生きているうちに共産党も、他の政党も変わってしまった」

フランコの死後、スペインは民主化した。それと同時に人々はかつて市民戦争で自由と民主主義のために闘った人々のことを忘れてしまった。熾烈な内戦を戦い、銃で撃ち抜かれて死んだ人々のことも忘れてしまった。ルイスさんは、そう言って嘆いた。ルイスさんは自らの信念で過酷な人生を生き抜いてきた。それなのに、彼を取り巻く社会が大きく変わってしまったのだ。

「マルクスの理論は一〇〇年前の理論だ。労働は一〇〇年前とは違っている。いまや労働者も長いバカンスをとり、車や家を持っている。『インターナショナル』の歌は変更しなければならない。その歌詞に歌われた労働者はもはや存在しないからです」

彼は、若い頃の理想も失ってしまったのだろうか。そんな問いかけに、彼は力強く反論した。

「いまの社会は変わらなければならない。資本主義のシステムがあまたの戦争を生み出しています。アメリカの対イラク戦争もその産物です。しかしインターネットをはじめ技術の進歩で、時代は変わりつつあります。この手で生産したものに縛られるのではなく、それを使って社会を変えてゆかねばならないのです。私たちの世代には無理でも、君たちや君たちの子どもたちならそれができる」

ルイスさんは別れ際に、共和国時代のスペインの硬貨をプレゼントしてくれた。表には工場の歯車と麦、つまり工場労働者と農民が描かれ、裏面にはオリーブの枝を手にした少女が描かれている。人々の抱いた夢と希望を私たちの世代に託してくれたのだ。

8　パウ・カザルス・ミュージアム

バルセローナから列車で約一時間。地中海沿岸のアル・ベンドレイという小さな村を訪ねた。ここは二十世紀最高のチェリストと言われるパウ・カザルスが生まれた土地だ。彼が生

写真6　パウ・カザルス像（アル・ベンドレイ村）

まれた家は小さくて狭い。プロの音楽家となるには裕福であることが必要条件となっているいまの社会と比べて、この貧しい家庭から世界的な音楽家を輩出したことに驚かされる。

パウ・カザルス・ミュージアムは、彼の生家がある街から一駅離れた地中海沿いのリゾート地、サン・サルバドールにある。たおやかな地中海に面した場所にカザルスは別荘を持ち、しばしば家族と休日をこの地で過ごしたという。引いては戻る波の音を聞きながら、カザルスのうなるようなチェロの音を思い出した。

一八七六年生まれのカザルスはベンドレイ教会のオルガン奏者だった父の影響で音楽に

目覚めた。十一歳でチェロに出会ったカザルスはバルセローナの音楽学校で技術を磨き、さらに独自の奏法を編み出してゆく。その時代はチェロを弾く時、右手を脇から離さずに肘から先だけを動かしていた。そんな旧い奏法から奏者を解放し、自由に力強く弾く奏法を考え出したのはカザルスだと言われる。だがこのミュージアムで展示されていたのは、そうした音楽的資料ばかりではなかった。

カザルスは市民戦争が勃発すると、共和国の陣営に立ってチャリティ・コンサートを開いたり、世界に支援を呼びかけたりした。新聞でフランコの非人道性を訴え、さらにイギリスやフランスがドイツのフランコ支援を傍観する姿勢を非難した。やがて共和国が敗れると、スペインからフランスへ亡命した人たちを救援するチャリティ・コンサートを開いたり、基金を作ったりした。そんなカザルスの姿勢が、克明に資料で明らかにされる。

「戦争は悲惨だが、隣人や肉親が戦う内戦はいちばん悲惨だ」

そんな彼のコメントと共に、館内では市民戦争の映像も流されていた。カザルスは共和国が敗れて以降、フランコに抗議して二度と故郷の土地を踏むことはなかった。これまで三ヵ月間にわたりスペイン各地で様々な資料館やミュージアムを見てきたが、市民戦争に正面から向き合った展示はこれがはじめてだった。

ミュージアムではその見学コースの最後に、カザルスが国連で行った一九七一年のコンサートがビデオで紹介された。彼は演奏に先立ち、「スペイン」ではなく、「カタルーニャ」のすばらしさを人々に訴えかけた。いわく、「カタルーニャは、国連はもちろん、アメリカやヨーロッパの各国よりも歴史が古く、イギリスやフランスよりも深い文化があり、すばらしい風土に恵まれている」と。彼の訴えは、故郷を失った者の嘆きであり、彼の弾くカタルーニャ民謡「鳥の唄」は、国連に集った各国の人々の胸を打った。

日本で「パウ・カザルス」は「パブロ・カザルス」と紹介されている。パウはカタラン語のもともとの名前である。カスティリャーノ語、いわゆるスペイン語でパウに相当する名前がパブロなのだ。カザルス自身はもちろん、「パウ」の名前のほうを好んだ。それはカタルーニャを愛する心からである。だが、もうひとつ理由がある。「パウ（PAU）」にはカタルーニャ語でもうひとつの意味があるからだ。それは「平和」である。そしていま、街のそこかしこに「パウ」の文字が掲げられている。

第三章　スペイン市民戦争とアジア

一九三〇年代のアジアにおいて、日本は、ドイツやイタリアとともに、既存の国際秩序が欧米等の先進の帝国主義国による既得権益維持の秩序であると批判し、「現状打破」を目指し、日本が有する既得権は保持したまま帝国の膨張を図った。アジア各地域ではそれに対する民衆の抵抗が生じた。スペイン市民戦争が勃発した一九三六年には、日本では二・二六事件が起こり、日独防共協定が成立、ファシズムへの傾斜がより強まった。翌三七年七月には蘆溝橋事件が起こり、日中戦争が始まった。

1　中　国

中国からスペインへ

アヘン戦争以降の半植民地化のなかで屈辱にまみれた中国の民衆は、今日的意味のナショナリズムに目覚めた。日本の対中国侵略本格化の時期は、中国の民族的ナショナリズムの形成期とぴったり重なっていた。

スペイン市民戦争の中国に与えた影響は、その地理的距離からは想像できないほど、大きなものであった。現代中国史を専門とする中村義は、一般的な世論、直接の参加者、中国共産党という三側面から詳しく分析し、次のように結論づける。

中国ではスペイン内戦を「対岸の火」としないという認識と論調であった。とくに、一九三六年一二月の西安事件を機にその認識は強まり、「中国を第二のスペインにするな」というシンボル的スローガンが各方面から提唱されていた。この風潮が抗日民族統一戦線の形成・強化を促進する状況をつくっていたといえよう。他方、このスローガンが自己を正当化するため、相手、反対派を批判・攻撃するための〝錦の御旗〟の役目をはたしていたことも注意すべきであった。したがって、こうした状況では、公然とフランコ軍・反乱軍を支持する主張をとることはできなかった。ここは日本とは全く異なるところである（中村義「スペイン内戦と中国」東京学芸大学社会科学『紀要』第三部門第三三集、一九八一年、一四三頁）。

中国で転機となった西安事件とは、一九三六年十二月十二日、「共産軍」討伐のため西安に駐屯中の張学良と楊虎城が、南京から督戦にきた蒋介石を監禁した事件である。張は蒋介石に内戦をやめて団結、抗日に立ち上がることを要求、共産党の周恩来の斡旋もあり、まもなく蒋を釈放した。この事件が国共合作による抗日民族統一戦線の結成の契機となった。

スペイン市民戦争に参加した中国人は約一〇〇名で、ほとんどがヨーロッパ在住の人たちであったといわれている。孟全生(北京師範大学)「コミンテルンとスペイン革命」は「一〇〇名以上」としている(中国語版『国際共産主義運動』一九八七年、五～六号、一九八七年十二月)。この約一〇〇名という人数がどれほど正確なものかは分からないが、四〇～一〇〇名程度の参加者がいたようである。スペイン市民戦争を取材した朝日新聞特派員の坂井米夫によると「プラヤ・デ・ヴェニカシで会った中国人義勇兵は四〇人入隊し、一五名負傷した」という(坂井米夫著、川成洋編『動乱のスペイン報告――ヴァガボンド通信――一九三七年』彩流社、一九八〇年、一五九頁、本書第四章参照)。彼らは国際旅団のなかに「中国支隊」を組織した。彼らは、労働者や知識人であったが、大部分は共産党員かそのシンパサイザーだったという。

毛沢東(モウタクトウ/マオ・ツォトン)は、延安より「スペイン人民および武装同志への一九三七年五月十五日付の書簡」で次のように述べている。

あなたたちの勝利は、日本のファシストとの戦いに力を与えてくれる。あなたたちの努力していることは、私たちが努力していることでもある。私は、中国人と日本人が国際旅団に参加していることを知って、喜んでいる。中国紅軍の多くの同志がスペインに行って、あなたたちの戦争に参加したいと、スペインの状況を毎日話しています。もし目の前に日本人の敵がいなければ、私たちはあなたたちの戦いに参加する（毛沢東「スペイン人民に宛てた手紙」〔一九三七年五月十五日〕日本国際問題研究所『中国共産党史資料集』勁草書房、第八巻、四二四頁）。

朱徳（シュトク／ジュ・ド）も毛沢東の手紙の二日前に「スペイン人民への手紙」を発表した。

私は一〇年間闘った抗日部隊を代表し、現在スペインで闘っている人民及びその部隊に最高の敬意を表明する。我々の前線もあなたたちと一致し、共同の敵――あなた方はドイツ・イタリアのファシズムと我々は日本のファシズムである。あなた方と我々の勝利がファシズムを滅ぼすことになる（「朱徳総司令の手紙」〔一九三七年五月十三日〕Rundschau über Politik, Wirtschaft und Arbeiterbewegung Nr. 36, 19. August 1937. Basel. S. 1290）。

駐ソ中国共産党代表の王明（オーメイ／ワン・ミン）は、スペインの闘いを中国における民族解放闘争の勝利の展望と関連させて、次のように論じる（警察資料のため言葉遣いには注意を要する）。

> ファシスト叛乱軍に対して軍事行動を開始した当初、スペイン共和国政府は武器の行き渡らない労働者及勤労者達より成る僅許りの義勇軍を持っていただけである。然るに人民戦線のあらゆる党及組織、就中スペイン共産党の蹶起、国際プロレタリアートを始め民主主義的諸勢力よりの援助及共同活動に依り、スペイン共和国は一年に亘る武装闘争に於て五〇万に達する正規軍を作り得たばかりでなく、近代的な軍事技術に依って之が軍備の充実を計る事も亦出来たのである。支那《(原文ママ)》よりも小さいスペイン共和国が其の武装闘争を通じて軍の充実を計り必要なる軍備を全うする事が出来た限りスペインよりも大きい支那《(原文ママ)》が

之を為し得ない筈はない。スペイン共和国がファシスト独伊の聯合軍に対する武装闘争に於いて成功している限り大国支那《(原文ママ)》が日本の侵略者共に対する武装闘争に敗れる筈はない。日本の侵略者共は戦争の初期に於てこそ軍事的技術的に優れているかも知れないが、結局戦争の勝利を確保する爾餘の諸条件に於ては、支那《(原文ママ)》国民の統一人民戦線に抗し得ないであろう（「支那事変に対する中共駐蘇代表王明の論説――日本帝国主義に依る侵略の新段階と支那国民に依る闘争の新段階――」『外事警察報』第百八十五号、一九三七年十二月、八頁）。

西安事件の楊虎城将軍のスペイン視察

視察団として中国からスペインに赴いたケースもある。西安事件の中心人物の一人である楊虎城（ヨウコジョウ／ヤン・フチン）を団長とする視察団はパリ在住の華僑の努力によって結成され、スペイン各地を回り、中国の抗日闘争の現状を報告し、盛大な歓迎をうけた。楊はバレンシアで次のように演説した。

日本ファシズムが華北をうばい、都市港湾を占領し、人民を殺害し、文化を破壊するのに対して、中国では統一戦線の英雄戦士が抵抗し最後の勝利を求めている。スペイン人民の不屈の闘いと、軍事設備等を観察し、帰国後の抗日運動に役立てたい。これがスペインに来た目的である。さらにスペイン民衆が困苦にたえて、沈着であることが、最後の勝利を我々に確信させる（『救国時報』一九三七年十一月二十一日、「楊虎城将軍在瓦倫西亜歓迎会上講演詞」中村義前掲論文、一三六頁より再引用）。

彼のような政治的経歴をもつ将軍が抗日統一戦線の結成を訴えたことは、中国の諸党派や各界に大きな影響を与えたと想像される。スペインの経験が中国の抗日統一戦線運動実現に与えた直接・間接の影響は大きく、また通常理解されている以上に複雑であったと思われる。したがって、スペイン市民戦争の中国への影響をみる場合、中国共産党の抗日民族統一戦線政策へのそれだけに限定することは事実を矮小化することになりかねない。

中国人義勇兵たちのプロフィール

中国共産党の指導者たちは、スペインの闘いに連帯する意志を込めて、「中西（中国とスペイン）人民は連合しよう！　人類の共同の敵――ファシズムを打倒しよう！　朱徳、周恩来、彭徳懐　これを贈る」と印した団結の旗を送った。国際旅団中国支隊の義勇兵たちはこの旗のもとでそれぞれ記念撮影を行った。それらの写真は、スペイン共産党、国際旅団などの機関紙にも掲載され、この旗は、現在、中国革命博物館に保存されているとのことである。中国支隊はスペイン各地を転戦し、多くの犠牲者を出したが、残った者は国際旅団の解散とともに主としてヨーロッパに戻った。そのうちの七名が中国に帰国した。スペインの戦場で三回も負傷した張瑞書は、帰国後ジャーナリストとして『解放日報』、『新華日報』で活躍し抗日戦争に参加した。またスペインで砲兵隊政治委員を務めた謝唯進（林済時）も帰国後、抗日戦争に従軍した。

最近、中国人義勇兵についての中国語の研究書が刊行されたが、この本は台湾からの出版物である（倪慧如、鄒寧遠『橄欖桂冠的召喚――参加西班牙内戦的中國人（1936―1939）』人間出版社、台北市、二〇〇一年）。この本で紹介されているスペイン市民戦争に参加した人々の中で名前が判明している中国人のプロフィールを次に紹介することにしたい。

◎張瑞書（チョウズイショ／チァン・ウイシュ）と劉景田（リュウケイデン／リュウ・ジンテン）

張瑞書は、一八九三年（中国の身分証明書には一八九四年と記載されている）二月二十一日に山東省魚台県に生まれた。一九一一年、十八歳の時に両親を亡くし、生活のために、フランスの「餌民公司」が募集したフランス行き工人募集に応募し、一九一七年三月十日に出発し、フランスでは、紙工場および車工場において働いた。そして、車工場で、劉景田と出会うことになったのである。

劉景田も一九一七年の応募によって、フランスに到着した華人であった（一八九〇年一月十二日、山東省生まれ）。そして、二人は工場で、雑誌の宣伝などによって、社会主義という新しい未来世界を知り、一九二五年五月にフランス共産党に加入した。一九三六年スペイン市民戦争が勃発すると、フランス共産党の呼びかけに応じて、二人は、国際義勇兵として参加することを決め、一九三六年十一月二十八日に、スペインに到着した。はじめは機関銃隊への入隊を希望したが、第一四旅団第一三営の衛生隊へ入隊することになった。彼らの闘いぶりと勇敢さは、雑誌、新聞などで何回も紹介され、英雄的な人物として、その名をスペインに残した。彼ら二人は、一九三九年にフランス経由で中国に帰国した。日本の激しさをます中国侵略への抵抗の戦線に立つ決意を秘めての帰国であったと思われる。

◎謝唯進（シャイシン／イェ・ウイジン）（林済時）

彼は一九〇四年六月、四川省壁山県に生まれた。一九三六年スペイン市民戦争が勃発したときに、ヨーロッパにきて、すでに一七年間が過ぎていた。彼は、父親から大きな影響を受けていた。父親は、新しい思想を持った知識分子であり、清の時代には「維新」思想を擁護し、辛亥革命時には革命に共鳴して学塾を開いた。謝はこの学塾において、勉強をはじめた。

彼は、一九一六年に上海に出て、一九一九年十月三十一日に、欧州における上海勤勉学会第五回派遣生として一三五名の学生らと一緒に、フランスに出発した。翌年にはイギリスに行き、そこで彼は、ロシア革命に関する書籍を探し、専門的に勉強した。さらに、一九二三年になるとイギリスを離れドイツに行き、そこで、朱徳と出会った。そして、一九二五年に中国共産主義青年団に加入したのである。

彼がスペインに行くきっかけは、中国共産党のパリ在住のスペイン支援組織と関連があったといわれている。この組織の執行委員であった彼は、スペイン市民戦争の経験を学び、それを中国の抗日闘争に利用しようと考えた。彼は「林済時」という名前でスイスを経由して、一九三七年四月四日にスペインに到着した。

スペインにいる間に彼は、国際義勇軍に参加し、活発な闘争を展開した。そしてスペイン市民戦争終了後、一九四〇年四月に中国に戻ったのである。

◎張紀（チョウキ／チァン・ジ）

彼は一九〇〇年四月一日、湖南省長沙の中産階級の家に生まれ、一九一八年八月に一〇〇名ぐらいの学生とともに上海からアメリカに留学した。大学卒業後、工場に就職したが、おりからの大恐慌にあい、「無産階級」に転落し、五年間の無職生活を経て一九三四年にやっと再就職できた。このような経験を通じて、彼は一九三五年にアメリカ共産党に加入し、「工人聯盟」の執行委員となった。

一九三七年四月に彼は、アメリカ人と一緒にフランスを経由し、ピレネー山脈を越えて、スペインに到着した。「私がここにきたのは、私の専門知識と経験からこの戦争を支援するためである。そしてスペイン政府の最後の勝利のために、貢献することである」という内容を志願理由書に記入している。林済時の日記によれば、張は病気のために、一九三八年末か一九三九年に帰国したという。

◎陳文饒（チンブンギョウ／チン・ウンショウ）

彼は一九一三年十一月十三日、広東省で生まれた。もっとも、別の資料には、一九一〇年六月十日生まれとも記載されている。二十歳くらいの時にアメリカに移住し、一九三三年十月一日にアメリカ共産党に加入した。一九三七年六月二十二日、フランス国境を越えて、スペインに入国した。彼は、一九三八年三月三十日から四月十四日の間にフランコ反乱軍に逮捕され銃殺された。そのとき、彼はまだ二十五歳にもなっていなかった。

◎陳阿根（チンアコン／チン・アゲン）

彼は、現在分かっている中では唯一、中国から直接スペインに行った中国人である。彼は一九一三年一月十一日に上海で生まれた。中国共産党員の知人がおり、彼らと一緒に「工会」を組織したため、国民党から狙われた。逮捕の危険をさけるためフランス船に乗り料理人の助手になった。しかし、彼が上船したときには、スペインで何が起こっていたのかはよく知らず、ただ自らの命を守るためだけに船に乗ったに過ぎなかった。この船において、彼はベトナム人の料理人と出会い、彼からたくさんのスペイン市民戦争に関する情勢を教えてもらったのである。スペインに行き、スペインの人々と一緒に闘うことを希望した彼は、スペインの港についた際に、スペインに上陸した（彼の友達によれば、その船において、彼が出会ったその料理人はベトナムのホーチミン（胡志明）であるの可能性もあるということであるが、話がうますぎるような気がする。詳しくは分からない）。

そして、彼は一九三七年後半にフランコ反乱軍に逮捕され、一九四二年にマドリードで釈放されたといわれている。しかし、その後の行方は分かっていない。

◎李豊寧（リホウネイ／リ・ファンニン）

彼は一八九〇年十二月二十一日、中国に生まれた。やがてフランスからスペインに行ったが、それ以前に中国からいつ、どのような理由でフランスに行ったかは、明らかではない。ただ、一九三四年にフランスのリヨンで電気労働者として生活していたことは分かっている。

彼は、一九三六年七月のスペイン市民戦争勃発後の同年十一月後半から十二月の間にスペインに到着し、国際義勇兵として第一三旅団の衛生隊に所属した。そして、一九三九年十月二十七日に四十九歳になった彼は、中国に帰国し、抗日戦争に参加したのである。

◎張樹生（チョウキセイ／チァン・ススン）

彼は、浙江青田人であろうといわれている。彼はスペイン語がよくできて、スペイン人の部隊に入っていた。スペイン国民軍第五〇師団の兵士であった。しかし、なぜスペイン市民戦争前に彼がスペインに来たのか、どういうことをしていたのかはわからない。

スペイン市民戦争に参加した中国人の多くは共産党員であるが、彼は共産党員ではなかった。彼は、どういう政党であれ、参加する意志はないと表明していた。彼が、スペイン市民戦争に参加したのは、普通の市民として、自分の良心に従って決定したことであった。彼は、規律を重んじる優秀な反ファシズムの活動家でスペイン共産党にも興味を示したが、入党する意志がなかったので共産党員になることはなかった。

一九三九年十月に釈放され、十月二十七日に抗日戦争に参加するために、李豊寧や後に紹介する楊春栄、張長官らと一緒に帰国の船に乗った。

◎閻家治（エンカジ／エン・ジャジィ）
彼は、第一次世界大戦の時にフランスに行った、華人労働者とみられる。フランスから一九三六年十月二十七日にスペインに入国、国際義勇軍第一一旅団の騎兵隊に配属された。彼は、記載票にモンゴル人であると記載したことから、騎兵隊に配属されることになったと考えられる。しかし、彼がなぜスペイン市民戦争に参加したのかは、文字の記録としては残ってない。彼は共産党員と自称していたが、確認できる資料はない。フランス滞在中に中国の抗日組織に参加したとされるが、それも確認できていない。その後、国際義勇軍がスペインから撤退した後に、どのような生涯を送ったかも不明である。

◎楊春栄（ヨウシュンエイ／ヤン・シュンロン）

彼は、スペイン市民戦争に参加した最後の時期の中国人である。彼がスペインに入国したのは、一九三八年三月十四日であった。国際義勇軍は彼を第一四旅団の歩兵として配属した。その時、彼は、四十六歳であった。彼も、フランスからスペインへ入国したのであり、フランスでは車工場で働いており、共産党に加入していた。そして、一九三九年十月二十七日に、三人の仲間と一緒に中国に帰国する船に乗った。

◎張長官（チョウチョウカン／チャン・ザングアン）

彼は一九〇〇年五月十八日生まれの河北人である。一九二七年五月にスペインのバルセローナに移住した。一九三六年八月一日、カタルーニャの「全国労働連合」（CNT）に参加し、一九三七年五月に志願し、第二〇営に編入された。やがて、右記の三人と一緒に中国への帰国の途についたのである。

◎劉華封（リュウカフウ／リュウ・ファヅイ）

彼は山東人で、フランスからスペインへ入国し、一九三七年十一月には病院で働いており、他の中国人とも会っていた。彼も、第一次世界大戦時にフランスに行った華人労働者の一人である可能性が高いと思われる。しかし、一九三九年以降は誰も、彼の消息を知らないという。

スペインから中国へ

◎べチューン医師

「スペインの次は中国だ」との合言葉のもと、スペイン市民戦争に参加した人々が中国の土を踏み、抗日戦争・抗日闘争に参加した。カナダの医師ノーマン・べチューン（Norman Betune）もその一人である。彼らの動きはスペインと中国にまたがる反帝反ファシズム運動のネットワークの萌芽的形成を意味するものといえよう。中国共産党はスペイン市民戦争に学び、抗日戦争とその後の内戦に勝利したのである。

中華人民共和国建国以後の中国においては、べチューン医師らの業績を子どもたちに教え、スペイン国際旅団を称える「ハラマ河の歌」を小学校の音楽教科書に載せている。アメリカ民謡の「レッドリバー・バレー」のメロディーにのせたその歌詞は次のようなものである。

西班牙有个山谷叫雅拉瑪／人們都在懐念它／多少同志倒在山下／雅拉瑪開遍花／国際縦隊留在雅拉瑪／保衛自由的西班牙／他門宣誓要守在山旁／打死法西斯狗豺狼

歌詞の意味は、次のようなものである。

「スペインにはハラマという谷がある／人々はそこを忘れない／大勢の同志が山麓に倒れ／ハラマには至るところに花が咲く／国際旅団はハラマに残り／自由のスペインを守る／彼らは山を守ろうと誓い／残忍非道なファシストを倒す」

◎畢道文（ビドウブン／ビ・ドウウン）

彼はインドネシア人で、一九〇六年一月二十七日にインドネシアの華僑の家庭に生まれ、医師になった。名前はTio Oen Bikである。彼は、オランダに留学し、その地でインドネシアの独立を主張した。一九三七年三月にオランダからフランスに行き、「スペイン支援」

という共産党系の組織で活動し、九月十日に国際義勇軍の衛生部門に参加し医師として働いた。インドネシア独立運動に献身してきた彼が、中国の抗日闘争及びインドネシアで闘うために帰国する道を選ばず、人種を超え、国籍を超え、国際義勇兵としてスペイン市民戦争に参加した理由には、二つの説明がある。一つは、コミンテルンの指示があったのではないかという説、もうひとつはインドネシアの組織からの派遣によるのではないかという説であるが、詳しくは分からない。

そして、一九三九年二月にスペインを離れ、フランスに到着した。一九四〇年には中国延安に行き、五〇年代にインドネシアに帰国し、そこで亡くなった。

以上のように、アジアの中でスペイン市民戦争とスペイン民衆の闘いに強い関心を示したのは中国であった。

しかしそれにもかかわらず、スペイン市民戦争と中国の抗日統一戦線の具体的関連を明らかにする研究は、管見のかぎり中国本国ではほとんどないようである。本書が参考にした研究書は台湾で出版されたものである。当時あれほど熱い眼指しを向けていたスペイン市民戦争とスペイン人民戦線に関して、中国との関係において解明しようとする研究がほとんどな

写真7　マドリード市内を行進する国際旅団の義勇兵
A Concise History of the Spanish Civil War, p. 92

いのは不思議なことといわざるを得ない。なぜなのだろうか。その点の解明が必要であるが、むしろ研究の不在ということの中に、スペイン市民戦争の中国抗日統一戦線運動への影響が一筋縄ではない複雑さを持つこと、さらには中国共産党の実践における思想・運動レベルと体制・国家レベルとの深い溝の存在などが暗示されているように私には思えるのである。

2　朝　鮮

植民地朝鮮とスペイン市民戦争

植民地朝鮮とスペイン市民戦争のかかわり方は、中国とも日本とも異なるアプローチが必要である。スペイン市民戦争に参加した朝鮮人はいないのか、あるいは当時のスペイン市民戦争やスペイン人民戦線に関する一般の世論や知識層における認識や討論の状況はどうであったのかという問いには、残念ながら正面から応えることができない。管見のかぎりでは先行研究もほとんどないようであり、現在の私にはまだ充分に調べがついていないからである。と同時に、次のことも考慮に入れる必要がある。そのような問いそのものが、朝鮮に関しては必ずしも的を射たものではないともいえる。なぜならば、当時の植民地朝鮮は、ある意味では「スペインの戦場」そのものでもあったからである。

日本の植民地統治に不満を持ち、いささかでも民族的な言動をなす朝鮮人は「不逞鮮人」として、容赦のない弾圧にさらされたのである。日本の支配に抵抗する者にとっては、スペインと同種の闘いを強いられていた。したがって、ここでは日本帝国主義の植民地支配下という苛酷な条件のもとにおける、朝鮮のスペイン市民戦争当時の状況のごく一端を明らかにし、次の研究へのステップの足がかりとしたい。

朝鮮民衆の息吹

中世文学研究者の藤原正義は、スペイン市民戦争の時期、京城帝国大学に在学中（予科を含めて一九三四～四〇年）であったが、当時の状況について次のように述べている。

朝鮮人（知識人、学生、高普生）の社会科学研究会の摘発・解散（三二年…一九三三年—石川註）を知ったのは予科入学後であったが、予科には社研禁止・解散で内地の高校を退学したものが僅かながら入学していた。その中の一人（理科。医学部へすすみ、卒業後戦死）と偶然の機会から知りあった。社会科学関係の図書は既に発売禁止で、それでもあちこちの古本屋で探せば見つかったが、三五年頃には古本屋からも姿を消した。大学の三宅教授（経済学）が脱獄した朝鮮共産党（再建中）の幹部李某を自宅の地下室に隠まっていたことが知れて（李は逃走、三六年逮捕、獄中で死亡）検挙され（三四年夏）、その後、裁判中に書いたという「転向書」が戦意高揚の展覧会（於三越百貨店）に展示された。紋切り型の文章であった（藤原正義『思い出すまゝの記——戦中の朝鮮・中国、戦後のソ連』福岡県自治体問題研究所、一九九九年、一二一～一三頁）。

三年次の初め（三六年）、友人二、三人と相談して先生方や学外の識者（朝鮮人）の談話を聞き質疑する会（文化談話会）をはじめたが、これは毎回予想以上に盛会であり、一人一人は不安と焦燥を内に沈吟し模索していた（同前、一四頁）。

このような「文化談話会」において、スペイン市民戦争についてどのような会話がなされたのかは明らかではない（私が藤原氏にその点を伺おうとしていた矢先、急逝された）。しかし、当時九州帝国大学では、今中次麿教授のゼミで、スペインの革命と反革命をテーマに、学生間で活発な議論が行われていた（柏經学・小山勉・松富弘志編『近代政治思想の諸相』御茶の水書房、一九九六年、三四七頁参照）。京城帝大においても九大の学生と同様な談話が交わされたのではないだろうかと推測される。

スペイン市民戦争の模様については、『東亜日報』、『朝鮮中央日報』などの新聞では連日のように報道されていたので、スペイン市民戦争に関心を持つ者はそれなりにスペインの情勢を把握できていたように思われる。例えば次のようなケースがある。

『東亜日報』（一九三七年七月十三日）によると、スペイン人民戦線政府側に、救援金を送るために、募金活動を組織しようとして、群山府山手町の田溶昇（ジョン・ヨンスン、二十一歳）ら数名が逮捕された。咸北清津第一公普校の訓導でエスペランチストの任学淳（イム・ハクスン、三十歳）等が協力していたとされた。これはスペイン市民戦争をめぐる「国際的事件」と報じられた。「スペイン人民戦線に関する宣伝煽動及之が援助方を歓願せる印刷物を送付し、来りたる等之等海外よりの策應は益々繁からんとする状況」（『特高外事月報』昭和十二年六月号）と当局側は警戒を強めていた。

左翼系雑誌『批判』には、スペイン市民戦争関連記事（一九三六年七月号から三八年十月号まで）として管見のかぎり一二本の小論文が掲載された。さらに雑誌『批判』の記者李應圭（イ・ウンギュ）が一九三七年五月下旬、京城にあるソ連総領事館に赴き、総領事と親交を深め、人民戦線問題やスペインをめぐる欧州の情勢などに関する情報の提供を受けたとして検挙、起訴された。

「延禧専門学校の学内組織に関する件」という警察資料があるが、これは一九三八年同校の教員学生がからんだ大規模な事件についてのものである。一九三八年、解散させられた「延禧学生会」の再建を目指して同校学生が学内で諸活動を行ったということで、教員学生などが大量検挙された。その再建の趣旨として、「国民戦線の対立、西安事件を契機とし」、即ちスペインをめぐる人民戦線と国民戦線の対立、中国における西安事件勃発を契機とする日ソその他列強資本主義国家間対立などが、「被圧迫朝鮮民族の革命戦線に進出することの絶好の機会なり」と書かれており、その言説が問題とされたのであった。

開城府の私立中学校四年生李斗新（イ・ドゥシン、十八歳）が治安維持法違反容疑で一九三九年三月身柄を拘束されたが、押収されたその中学生の日記にはスペインについて、次のよ

写真 8　1936 年 5 月結成の「在満韓人祖国光復会」が派遣し咸鏡南道甲山で活動中，捕えられた朴達（パク・ダル），前列右から 2 人目（1938 年 9 月）辛基秀編著『映像が語る「日韓併合」史——1875 年〜1945 年』，労働経済社，1988 年，255 頁

うに記述されていた。「西班牙内乱ノ終幕人民派ノ挫折（シタ—石川註）ソウタ善者ノ正義ハ亡ヒ其ノ反対ニ属スル者ハ必ス盛ヘル時代テアルカラ」（以上の資料は、韓国の国史編纂委員会のホームページに公開されている）。

植民地朝鮮からスペインの戦場へ直接赴いた人物は確認できていない。中国で闘った朝鮮人革命家の中に、スペインへ行った人がいた可能性もあるが、今日の時点では不明である。ただし、当時上海で活動していた「南華韓人青年連盟」というアナーキスト系の独立運動団体は、スペイン市民戦争の動向にも関心を示しており、彼らが発行していた『南華通信』には「動く西班牙」という記事を連載していたようである（『昭和十三年五月　思想情勢視察報告集其の三（中華民国在留不逞朝鮮人の動静）』六七頁）。

スペインにおける民衆の闘いの敗北は、国際的ファシスト陣営を活気づかせ、日本のアジア全体への侵略の強化拡大につながり、植民地朝鮮の解放の展望は遠くなると捉えられていたのである。朝鮮の独立のための運動は、反ファシズムという点においてスペインの闘いと同質のものであった。パック・カップ・トン（Park Kap Tang）は、当時の朝鮮抗日独立闘争の状況について次のように書いている。

李載裕は　咸鏡北道　甲山の出身で　東京で苦学をしながら　朝鮮共産党の日本総局の幹部として活躍していた。李載裕は朝鮮共産党再建のため朝鮮に帰り、一九三四年京城市永登浦（工場地帯）の工場で働きながら苦学をしていた金三龍、東京高等師範学校を卒えて、京城の同徳女子高等普通学校で英語を教えていた李観述とその妹李順今、中央江東普通学校（旧制中学）二年生の時から、共産主義活動をしていた李鉉相などと共に、党再建工作をすすめた。

ちょうどこの頃、京城帝国大学では、鄭泰植、権又成などの学生が、日本人の経済学教授、三宅鹿之助の指導の下で、反帝同盟を組織して活動していたし、開城、平壌、海州、晋州、東萊などの各地で、学生とインテリを中心に、反帝サークルが組織されつつあった。

李載裕は、彼らを組織にひきいれながら、永登浦の多くの工場に、細胞組織をすすめる途中、一九三七年夏、ついに組織がばれ、警察に逮捕された。彼は西大門署留置場を二度も脱出して、京畿道揚州郡蘆海面の山の中にかくれていたが、ついにとらえられて、無期懲役の言い渡しをうけ、服役中、一九四四年、清州刑務所で獄死してしまった（パック・カップ・トン『嘆きの朝鮮革命』三一書房、一九七五年、一三二頁。なお、李載裕（イ・ジェユ）については、卞恩眞「一九三〇年代京城地域革命的勞動組合運動研究」高麗大学校大学院・碩士学位論文、一九九一年、一五～二〇頁が詳しい）。

中国革命と朝鮮独立運動

朝鮮独立運動と中国革命はどのような関係にあったのであろうか。

「今となってはあの北伐に向かう革命家たちすべてが感じていた、浮き立つ心と熱狂とを思い出すことさえ難しい。それは六カ月にわたり揚子江の谷間に広がった。華北へ、朝鮮へ——私たちの心はおどった！『故国で、満州で、二千万朝鮮人が全アジアの自由のため武器をとって帝国主義と戦おうと待っている』と私たちは中国人に確信をもって語った。」——キム・サンのことばから、中国革命そのものが国際性をもって闘われた事実のみでなく、中国革命が朝鮮独立運動と深く結び合っていた事実を知ることができる。その結合の焦点こそが満州であった（王魁喜・常城・李鴻文・朱建華著、志賀勝訳『満州近現代史』現代企画室、一九八八年、三二〇～三二一頁）。

満州、即ち今日の革命の鍵となる地域における朝鮮民衆運動の豊かな潜在力を、私は初めて認識した。私はまだ極東における革命課題を先導する中国問題に没頭していたが、朝鮮への絶大な信頼がよみがえり、わが祖国に対して私はこれまでにない希望を抱いた（同前、三二〇頁）。

朝鮮におけるスペイン市民戦争の影響について考える場合、朝鮮だけを孤立して見るのでなく中国の革命運動との関連で捉えなければ実態は見えてこないのではないかと思われる。その意味では、「満洲」と朝鮮の連携、一九三六年に間島（旧満洲）で結成された祖国光復会の動き等のなかで再検討する必要があると考える（例えば、鐸木昌之「満州・朝鮮の革命的連繫——満州抗日闘争と朝鮮解放後の革命・内戦」岩波講座『近代日本と植民地6　抵抗と屈従』岩波書店、一九九三年、姜在彦『満州の朝鮮人パルチザン——一九三〇年代の東満・南満を中心として』青木書店、一九九三年、一二二〜一三〇頁を参照）。

3　フィリピン・インド・ベトナム

フィリピンからスペインへ

フィリピンは、十六世紀以来スペイン領であり、米西戦争の結果一八九九年アメリカ領になったという歴史をもっていた。したがってスペインはかつての植民地宗主国であり、フィリピンの一九三〇年代にもさまざまな影響を及ぼしていた。日本との関係で言えば、スペイン共和国政府を支持したフィリピン労働者連合などのグループが、上陸した日本軍に対し、抗日ゲリラ戦を闘ったのである。

倪慧如、鄒寧遠の著書によれば、フィリピンからは名前が判明しただけで、一一名の人々がスペイン市民戦争に参加したという。その名前とごく簡単な履歴は次のとおりである（後で紹介するインド・ベトナムからの義勇兵も同書による）。

◎ Manuel Lizarraga（マニュエル・リサラーガ）

一八九五年一月一日、マニラ生まれ。アメリカに移民し、一九三四年に労働運動に参加した。一九三六年六月二十日にアメリカを出国し、フランス経由で同年十二月十日スペインに到着した。国際義勇軍に参加し第一五旅団に所属した。一九三八年に共産党に入党した。

◎ Artemio Ortega Luna（アルテミオ・オルテガ・ルナ）

一九〇一年二月二十七日、フィリピン生まれ。一九二二〜二五年までフィリピンにおいて歩兵、一九二七年アメリカに移住。一九三二年にアメリカ共産党に入党、三五〜三七年まで同党フィリピン組織に所属、三七年一月十二日スペインに到着し、第一五旅団において兵士となる。

◎Enrique Almenar Gabra（エンリケ・アルメナール・ガブラ）

一九二〇年七月二十五日、マニラ生まれ。一九二九年家族とともにスペインに到着、三六年「全国労働連合」（CNT）に加入。三八年四月十八日、第一七九旅五一営第四連に属した。

◎Modesto Ausobasa Esteban（モデスト・アウソバサ・エステバン）

非共産党の活動家、第五一旅に所属し戦闘に参加する。敗戦後もスペイン在留を希望した。

◎Dimitri Gorostiaga（ディミトリ・ゴロスティアガ）

一九〇九年十月九日生まれ。マニラで生活しており、一九三七年十二月十五日にスペインに到着し、第一五旅団などの兵士となる。彼はスペイン語をしゃべり、翻訳の仕事に従事した。

◎Eduardo Miranda Gonzales（エドワルド・ミランダ・ゴンサレス）

非共産党の活動家。

◎Pedro Penino（ペドロ・ペニーノ）

一九〇七年マニラ生まれ。船員。一九三四年に共産党入党。一九三七年二月十四日、スペインに到着し、アメリカのリンカーン大隊とともに前線で戦ったが、六ヵ月後、国際義勇軍第一二旅団に参加した。一九三八年スペインを離れ、フィリピンに戻り、フィリピン共産党に参加した。第二次世界大戦末期に、マニラ付近で日本軍に殺害された。

◎Carlos Lopez Maestu（カルロス・ロペス・マエストゥ）

非共産党の活動家。厳格で規律を重んじた人物であったという。

◎Mark Fajardo（マーク・ファジャルド）

一九〇五年三月一日、フィリピン生まれ。一九三五年四月ニューヨークにおいて共産党に入党。一九三八年二月、アメリカからスペインに到着し、第一二七旅に参加した。三八年四月にフランコ反乱軍の捕虜となり、三九年四月二十二日に捕虜交換により釈放された。

◎ Servando Acevedo Mondragon（セルバンド・アセベド・モンドラゴン）

一八八八年十月二十三日、フィリピン生まれ。一九三七年七月二十一日、マニラからアメリカに到着し、アメリカの義勇兵志願者と一緒にスペインに行き、第一五旅団に所属した。三八年四月にフランコ反乱軍の捕虜となり、三九年四月二十二日に捕虜交換により釈放された。

◎ Aquilino Belonte Capinilio（アキリノ・ベロンテ・カピニリオ）

一九〇二年フィリピン生まれ。非共産党の活動家。捕虜となり、四二年十一月の捕虜営において名前が確認された。

以上から分かるように、フィリピンからの義勇兵には共産党系の活動家とともに、非共産党活動家が目立っている。フィリピン労働運動へのアナーキズムの影響を物語るものであろうか。

インドからスペインへ

インドの独立運動の指導者ネルー（Jawaharlal Nehru 1889~1964）は、スペインとスペイン市民戦争に大きな関心を寄せ、自らも内戦のまっただ中、スペインに行き、国際旅団などを訪問し、「スペイン共和国讃歌」（Homage to The Spanish Republic）というエッセイを発表している。そこで彼は次のように述べる。

マドリード、バレンシア、バルセローナは生き続ける。彼らは一時の敗北から立ち直り、願望である〝自由なスペイン〟を再び築きあげるだろう。

私たち自身の自由を獲得するために闘っている我々は、世界の自由の砦となっているスペイン共和国の英雄的行為に感動させられた。我々の闘いの戦線は、わがインドだけにあるのでなく、スペインと中国にも存在するのだ。（China, Spain and the War, p. 57~58）

ネルーは、世界の自由のための闘いにおいて、スペイン、中国、インドの闘いの連携を強く意識していたのである。

インドからのスペイン市民戦争参加者は次の三人の医師が記録されている。そのプロフィールを紹介しよう。

◎Dr. Menhanlal Atal（メンハンラル・アタル）

一八八六年生まれ。一九三七年、五十一歳の時に、スペインに入国し、国際義勇軍に参加した。国際義勇兵関連の病院において医師として働いた。その後中国へ行き抗日闘争に参加した。

◎Dr. A. A. Khan（エー・エー・カン）

生年は不明だが、一九三六年イギリスにおいて志願し、同年八月に第一回イギリス医療隊とともにスペインに入国し、医師として働いた。

◎Dr. Manuel Rocha Pinto（モノル・ローツァ・ピント）

一九一〇年生まれ。彼はポルトガルにおいて勉学し、放射線科の学位を取得、スペインへ。国際義勇軍関連の病院の医師として働いた。

ベトナムからスペインへ

ベトナムは、十世紀に中国の支配から独立し、十九世紀初め現在の領域を統一して越南と号したが、一八八三年以後、フランスの植民地とされていた。

ベトナム人の参加者としては、次のような人々が紹介されている。

◎ Lucien Tchen（ルシアン・ティエーン）

彼はフランスにおいて長期間働いた後に、兄弟とともにスペインに行き、国際義勇軍に参加した。彼の方が兄と見られているが、二人はともに勇敢であり、とくに彼は、第一三旅団で最優秀連長として表彰されたことがある。

◎ Peter Tchen（ペーター・ティエーン）

Lucien Tchen と兄弟であり、その弟と見られている。兄とともに第一三旅団に所属した。

◎Diep Van Vong（ディプ・ヴァン・フォン）
一九三四年共産党入党。一九三七年一月十七日にフランスからスペインに到着し、国際義勇軍に参加した。

その後のベトナムの歴史を見た場合、スペインの経験が直接的にどのように影響したかは明らかではないが、今日のベトナム政治においても大きな比重をもって「祖国戦線」の源流としての位置づけが重要である。ベトナム現代政治研究者の坪井善明は次のように述べる。やや長くなるが、的確な指摘なので紹介したい。

この「戦線」組織はスペイン内戦の時に組織された「反ファシズム統一戦線」に代表されるように、共通の闘争目標のために様々な階級・階層の利害を代弁する諸政党や諸団体が階級的・階層的利害や政治的・宗教的信条の違いを超えて連合を組むために編み出された組織形態である。（中略）特にベトナムの場合、階級闘争重視路線の時には革命運動の中枢から外されていたホーチミンが復活する契機となる。ホーチミンは何よりも民族の独立と統一を望んでいて、階級闘争重視には一貫して消極的だった。共通の敵に対して各階層・各職能の違いを超えて民族の広範な成員を団結させるには、この「戦線」方式は有効であった。ホーは四一年に帰国し、八月に開催した第八回中央委員会で「民族独立」を最優先課題として確立し、民族統一戦線方式の「ベトナム独立同盟」（ベトミン）の設置を決めた。このベトミンが一九四五年の「八月革命」の主力となる。

「独立」を達成した後、一九四六年にフランスとの戦いが不可避になった時に、ベトミンはそれに参加していない地主・資本家・知識人を取り込む必要に迫られて「ベトナム国民連合」（リエンベト）に再編された。五四年にディエンビエンフーの闘いに勝利して、ベトナム民主共和国が北部ベトナムを実効支配することになり、五五年にリエンベトを引き継ぐ形で「祖国戦線」が設置された。南ベトナム・アメリカに対する闘いにも、この戦線方式が採用された。六〇年一二月、「南ベトナム解放民族戦線」が結成され、南部における解放の闘いの主役となって活躍した。戦争終了後、七六年に南北統一が達成されると、「南ベトナム解放民族戦線」は祖国戦線に吸収合併された（坪井善明『ベトナム現代政治』東京大学出版会、二〇〇二年、一五一〜一五二頁）。

仏文学者小松清とベトナム

小松清は、一九三七年報知新聞特派員として渡仏、スペインにおいてペンにより共和国側で闘いたいと望んでいたが、スペイン政府から入国の許可がでなかった（本書一三一～一三二頁参照）。志を果たせぬまま、四〇年のパリ陥落により帰国を余儀なくされた。その後彼は、四三年から四年間、仏領インドシナに滞在し、ベトナム独立運動に参加した。その体験をもとに半自叙伝的小説『ヴェトナムの血』（一九五四年）を著した。小松はスペインで果たせなかった夢をベトナムに求めたのである。彼は、スペイン市民戦争とベトナムの戦いが強くむすびついていることを行動で示したのであった。

一九四六年帰国した小松は、日本ペンクラブの再建やユネスコ協力会の創設に尽力した。戦後もベトナムに特別の関心を示し、南北分裂後のベトナム統一のために私的な立場からかかわった、行動的ヒューマニストであった。

第四章　スペイン市民戦争と日本

1　参戦した日本人

スペインの首都マドリードの目抜き通りがグランビア。その西端にスペイン広場がある。目指す資料館はその近くにあった。二階建ての煉瓦造りだがかなり広く、建物は道路沿いに延々と続いている。しかも窓は小さく、鉄格子がはめられている。ようやくたどり着いた入り口は、建物の大きさに比べて極端に小さい。資料館といえどもやはり、軍の施設なのである。

二〇〇三年一月、私はスペイン陸軍歴史資料館を訪ねた。スペイン市民戦争に参加した日本人について調べるためである。スペイン市民戦争に参加した外国人というと共和国政府側についた国際義勇軍が有名だ。しかしフランコ側の外国人部隊に参加した人たちもいる。そのなかに日本人も含まれているという情報がある。朝日新聞の特派員として市民戦争を取材した坂井米夫は次のように書いている。

「外人部隊の第一大隊に日本人の義勇兵がいてタンクを二台分捕ったから会ってみないか」

――。さあ、会いたいはやまやまだが、会うと必ず新聞に出る。人民戦線側に知れたらぼくの入国問題など思いもよらず、たとえ入国を許されても……とつおいつ考えた末断念した（坂井米夫著、川成洋編『動乱のスペイン報告――ヴァガボンド通信――一九三七年』彩流社、一九八〇年、八六〜八七頁）。

坂井は共和国政府の人民戦線側を取材するため、フランコ側の取材をあきらめた。しかしフランコ側について戦った日本人もいた可能性がある。市民戦争について記したスペインの文献にも、ケガ人の欄に日本人らしい名字の人物があることを取材していた。そこで資料館を訪ねたわけである。

玄関でパスポートを見せて入館証をもらう。中庭の奥に資料館の受付があった。日本とは違って、応対してくれるスタッフのオフィスがそれぞれにある。応対してくれたのはフェルナンド・トラさん。個室に招かれ、取材の趣旨を説明した。身長一九〇センチほどの長身で、あごひげに銀縁眼鏡の彼は、私の突然の訪問にも嫌な顔ひとつせず、丁寧に話を聞いてくれた。その結果、次のようなことがわかった。外国人部隊の資料で、市民戦争前に部隊に参加した者の資料はグアダラハラのミリタリーアーカイブに、市民戦争以後のものはアビラの陸軍文書室にすでに移したという。トラさんは調査を約束してくれた。

その数日後、最初の連絡がトラさんからメールで入った。思った通り、すぐには資料が出てこないという。膨大な資料から名前だけで検索するのは時間がかかるというのだ。確かにその通りだろう。トラさんはその後も何度か連絡をしてくれたが、結局新しい資料を手に入れることはできなかった。

一方、国際義勇軍に参加した日本人はどうだろうか。坂井は次のような情報を得て取材をしている。

プラヤ・デ・ヴェニカシの別荘地に東洋人の負傷兵が静養していると聞いてもしや？と思って行ってみる。（中略）尋ね探してようやく「東洋人のカマラーダ（同志）」を発見した。支那人だ。とても喜んで身を起こそうとする。「日本人のカマラーダが確かにブルネテで戦死した。みな彼を尊敬していた。偉い男であった」（同前、一五九頁）。

しかし中国人は重傷を負っていて、その言葉を最後にこときれた。坂井はさらに続けてこう書いている。

ブルネテで戦死した日本人のことはどうしても解らぬ。他に二人日本人がアラゴン戦線で奮闘してるそうだが「日本はファッショだから本人の名前が本国に知れると将来帰れなくなる。また家族が必ず迫害を受ける」と、国際義勇軍の幹部さえも教えてくれない（同前、一五八頁）。

だが坂井はようやく、戦死した日本人の情報を得ることに成功する。アメリカ人で編成しているリンカーン大隊第一中隊長ローア大尉に取材した結果である。やや長いが、その部分を以下に引用する。

ブルネテで戦死した日本人は知らないかと聞くと、一瞬じっとぼくの目を見つめていたが、「それを知ってどうするのか」という。「日本へ報道するのだ」「これだけは言おう。彼は最も勇敢な偉い同志だった。七月一一日午後一時頃、ブルネテ戦線で敵のシャープシューター（狙撃兵）に殺された。これ以上は彼の郷里の遺族が迷惑するから言えない」

（中略）「どういうふうにして戦死したのか？」「初め交替で炊事をやったら彼のコックが一番うまい。同志の絶対多数決で第一線に出るより炊事主任になってくれと頼んだら、とても憤慨して『俺はアメリカからコックをしにスペインに来たんじゃないぞ！』と怒鳴ったのにはみな謝った。誰からも好かれた男で、子供を非常に可愛がっていた。機関銃射手として各地に転戦し、その日はブルネテ激戦の五日目だった。塹壕は半分しかない。物凄い空爆に次ぐ空爆、砲撃で食物も水もとりに行けないのだ。ちょっとでも頭を出したらすぐやられる。彼が気軽に『俺が行こう』と立ち上ったとたんにここ（頸部）を撃たれて即死したのだ」「名前は？　年は？」「コムレード（同志）・ジャック、三五、六歳――」（同前、一六六頁）。

このコムレード・ジャックこそ、スペイン市民戦争に参加した日本人として、唯一名前の知られているジャック白井である。彼は北海道出身でアメリカに渡り、コックなどをしたあと、スペイン市民戦争に義勇兵として加わった。評論家として著名な故・石垣綾子はアメリカ滞在中にジャックと知り合い親交を深めた。しかし彼は、石垣とどんなに親しくなっても、自らの身の上についてはほとんど語ろうとしなかったという。戦後、石垣が白井の出身地を訪ねたりして彼の評伝を著し、さらにスペイン市民戦争を研究している法政大学の川成洋教授が白井の経歴を丹念に調査して、彼の人生の概略が明らかになった。

それによると、彼は一九〇〇年頃函館で生まれたが、すぐ両親に捨てられ、渡島《おしま》当別のトラピスト男子修道院の運営する孤児院で育てられた。その孤児院も、十二歳で脱走し、函館で沖仲仕や漁船の労務者など、様々な遍歴を重ねた。やがて十七歳のとき、ブラジルのサントスにたどり着き、下級船員として暮らすようになった。しかしこの生活も二十七歳のときに見切りをつけ、ニューヨークに渡って日本人の経営するレストランでコックとして働くようになった。そのニューヨークで石垣をはじめ、様々な日本人と出会い、社会主義の運動などにも関心を広げていった。

そして在米もほぼ一〇年となった一九三六年、彼はスペイン市民戦争への参戦を決意し、アメリカ人義勇兵第一陣九六名とともに、ニューヨークを出航した。翌年一月、バルセローナを経て国際旅団の基地アルバセーテに到着すると、彼はリンカーン大隊に配属され、大隊付の炊事兵に任命された。リンカーン大隊は、同じアメリカ人大隊のワシントン大隊やイギリス人大隊、カナダ人大隊とともに、第一五国際旅団を編成していた。そして七月十一日、二万五千人の死者を出した激戦のブルネテ戦線で短い生涯を閉じたのである。

アメリカ人の同僚がジャックを詠んだ詩の一部を紹介しよう。

同志ジャック白井が死んだ。／彼の名を耳にしない者がいただろうか？／おかしなべらんめい英語／人なつっこい瞳／そして勇敢な心。／アブラハム・リンカーン大隊の者は／彼を兄弟のように思っていた。

函館生れのジャック白井は／日本の大地の息子。／貧しい郷里を捨て／パンを求めてアメリカに渡り／コックになった。／彼の腕前は／舌のこえた金持ち連中でさえも／満足させるものだった。

一九三六年の夏、新聞は書きたてた。／ヨーロッパで、スペインで／ファシストの狼が、殺人者となって襲いかかったと。／ジャック白井はほんの僅かのものをカバンにつめ／真先にアメリカからやってきた。／人間の権利を守る／スペイン市民の闘いを助けるために。

写真 9　1937年2月頃のジャック白井（中央）
前掲『動乱のスペイン報告』215頁

この詩を読むと、白井の人柄が伝わってくる。学歴や教養はなかったかもしれないが、しかし虐げられた者に対する共感と、熱い正義感を持っていた。石垣綾子は「肌の色のちがう人たちとの同志的な結びつきのなかに、彼自身の解放があった。底辺に生まれて育った彼は、そうせずにはいられなかったまでである。英雄として飛び込んだのではない」と書いている。スペイン市民戦争は、その戦いに参加した人たちそれぞれの、内なる自分自身との闘いでもあったのである。

戦前から戦後にかけて活動した評論家の室伏高信は一九三六年、『人民戦線』と題した短文を読売新聞に寄せている。

叛軍勝つか、政府軍勝つか。何人もまだこれについての決定的な預言を許されることはないであろうが、そのいずれかの側に同情の傾けられている自己を感じないものも少ないであろう。

政府軍か叛軍か――そのいずれの側の勝利を望んでいるかによって、人はその自己の政治的立場を語っている。即ち、政府軍の勝利を望むものは、自ら意識しなくても自由主義者ないし共産主義者であり、叛軍の勝利を望むものは自ら意識すると否とに拘わらず、何らかの程度においてファシストである。

人民戦線と国民戦線とがひとりスペインにおいて正面衝突をおこしつつあるのみではない。世界を通じて二つの陣営が構成されつつあり、二つの陣営が世界を縦断しようとして、スペインの問題が世界的興味の問題となったのである（『読売新聞』、一九三六年七月二十八日）。

イギリスの詩人スペンダーは市民戦争を「詩人の戦争」と詠んだという。それは個人と国家との関係を正面から問うものでもある。

では白井以外に日本人はいなかったのか。先述したように朝日新聞特派員の坂井米夫が

「他に二人日本人がアラゴン戦線で奮闘してる」と書いた点について、法政大学の川成教授は、「ロンドンの『国際旅団協会』の名誉総務ナン・グリーン女史からも直接聞くことができた。しかし、確認はついにできなかった」と記している。

実際に入国はできなかったが、義勇兵として参加しようとしたり、現地を自分の眼で見てみようとした日本人もいる。ひとりは東京帝国大学医学部助教授の国崎定洞である。彼はドイツに留学後、帝大助教授の席をなげうってモスクワに亡命したのだが、三七年に突然逮捕されて粛正され、ロシアで客死した。その逮捕の背景のひとつには、彼がスペイン義勇軍を志願したこともあると見られている。ソ連はスペイン共和国政府を支援しつつも、自由主義的な思想がソ連にもたらされることを極度に恐れた。そして結局、国崎にはソ連当局から出国の許可が下りなかったのである。

一橋大学教授の加藤哲郎は「スターリン主義のガン細胞が、キーロフ暗殺事件を機に一気にモスクワに広がった時には、もはや日本にもドイツにも帰ることができず、自らがウィルスと見なされたと予感できたのではないか？　三六年夏のスペイン国際義勇軍への志願は、ガン病棟からの脱出の最後のチャンスであったが、すでに肉体的にも精神的にも隔離されたと同然で、逃れようにも逃れられない狂気の密告網に包囲されていたのではないか？」と指摘している。

スペイン行きを考えたもうひとりはフランス文学者の小松清である。彼も一九三七年に滞在中のフランスから、スペイン行きを計画していた。現地ルポをするためである。彼はそのころのことを次のように書いている。

スペインの現状を是非現地にでかけて行って自分の眼でみてみたい。でないと自信のあることは書けない。スペインの入国手続きについてはアンドレが万事やってくれることになっているのだが、彼もなかなか忙しい身なので一日のび二日のびしている（「巴里日記」『新潮』一九三九年六月号）。

ここに記されたアンドレとは、後にフランスの文化大臣も務めた著名な作家、アンドレ・マルローのことであり、小松とマルローとは終生の友人であった。マルローはすでにスペインにわたって国際旅団の一員として闘った経験を持っている。しかし結果的に、マルローの尽力もかなわなかった。フランコ政権を日本が承認し、共和国側と国交を絶ったからである。その経緯について小松はこう説明している。

僕の入国を嫌がるのはスペイン政府ではなくて、スペイン政府を掌中に入れている第三国なんだ。もう一つ興味ある示唆は対アンドレとの関係だ。あれだけスペイン共和国のために尽くしてきたマルロオが太鼓判を押して、オブザーヴァとしての僕の客観的な立場を証明しても、そのガランチを造作もなくはねつける「第三者的な力」を考えない訳にはゆかない。ソヴエトが今懼れているのはジイドではなくて、マルロオであろう、僕にはそう思えるのだ（同前）。

国際義勇軍に加わった人々の正確な把握はきわめて困難であるが、一九七四年にスペインで出版されたアンドリュー・カステルス『スペイン戦争の国際旅団』には各国からの参加状況が紹介されている。それによると、日本から直接参戦した日本人はいないが、Japoneses de EE. UU. つまりアメリカ合衆国在住の日本人として二〇人が参加したとされている。このうち三人が死亡、二人が回復不可能な負傷、二人が逃走ないし姿を消し、戦争終結まで生存したのは一三人となっている。日本人として名前が明らかなのはジャック白井だけだが、それ以外にも坂井米夫の取材や、スペインの文献資料などからも、市民戦争に加わった、あるいは加わろうとした日本人や日系人は存在したであろうと見られる。それぞれの夢や理想を胸に抱きつつ、名も知られぬまま、異国の土に埋もれた日本人は確かにいたはずだ。こうした推測は、小説家の想像力をかきたてる。

次郎はバルセローナのCNT本部に出頭し、前線への復帰を希望した。だが、帰るべき原隊の医療部隊は共和国政府軍の部隊に解体吸収されていた。次郎はまだ残っているCNTの市民軍に再志願した。

バスに乗り家に帰ると勤めを早退した美奈子が待っていた。次郎は市民軍に参加してアラゴン戦線に行くと告げた。

「まだ戦わねばならないの?」美奈子は切羽詰まった面持ちでいった。

「ああ。おれは逃げるわけにはいかないんだ」

「何がこの戦争にはあるというの?」

「おれにはまだはっきりとしたことは分からない。だが、大事なことがこのスペイン内戦にかかっているような気がする。おれたちの未来にかかわる大事なことがね」

「私たちの未来?」

「——うまく言葉ではいえないが、おれたち家族や兄弟や、これから生まれてくる子供たち、みんなにとっての未来にかかわることなんだ。つまり、人間の未来にとって、この戦争は大きな意味がある、と思うんだ。未来の子孫たちの幸福や運命が、この戦争の勝敗にかかっている。そんな気がしてならないんだ」

これは現代の人気作家、森詠が一九八七年に発表した小説『夏の旅人』の一説である。主人公の青年は社会主義の運動にかかわっていくうち、兄が特高警察に殺害され、自らは治安維持法で検挙される寸前、海外に脱出した。パリでは大使館からの徴兵検査の呼び出しにも応じず、良心的兵役拒否者としてフランスに亡命した。その後ジャーナリストとなった彼はスペイン内戦に興味を覚え、ついには共和国の義勇軍へ志願するのである。森は同じ八七年に、スペイン内戦に参加した日本人の足跡を追う小説『バルセローナの冬』も発表している。

森が大学を卒業した一九六八年は、アメリカでは公民権運動のリーダーだったキング牧師が暗殺され、ベトナム戦争に反対する市民や学生の運動が広がりをみせていた頃である。ジャーナリストとして出発した森はベトナム戦争などの戦争取材に取り組み、やがて一九八四年に小説を発表してフィクションの世界へと軸足を移していった。スペイン内戦を扱った小説は、彼の小説家として初期の作品である。その後、森は自らの幼少時の体験をモチーフにした小説で坪田譲治文学賞を受賞し、現在は冒険小説や戦争シミュレーション小説、警察小説など幅広い分野で旺盛な執筆活動を展開している。そんな森にとって、スペイン内戦はどのような意味を持った戦争だったのだろうか。

森は私の取材に「共和国を崩壊させてしまったということに、世界の人類誰もが責任を持たなければならないと思っていました」と語ってくれた。そう考える森にとって、現実に戦いが行われているベトナム戦争やカンボジア内戦、パレスチナ問題を避けて通ることはできなかった。

「ベトナム戦争がスペイン内戦の延長線上にある歴史的事件だとしたら、自分はどういう立場で関わるのか、そこに移っていったわけです。そういう原点みたいなところは確かにある」

森にとってスペイン市民戦争は、「自分たちの生き方の問題」であった。彼はやがてパレスチナの人々に共感し、幻の共和国をパレスチナに作るという運動を応援していく。

「スペイン内戦を書く心は、その延長線上にベトナムを経て、パレスチナを見ていた。最初は幻の国家だけど、必ず理想は実現できるはずだと思っていた。スペイン内戦でオーウェ

写真10　スペイン市民戦争を題材にした本

ルやヘミングウェイが応援したと同じように、我々もパレスチナの問題に関わらなければならないのではないかと、自分たちの立場を考えていた」

スペイン滞在経験もある小説家の佐伯泰英は次のように書いている。

森詠をはじめ多くの作家たちは半世紀も前に終った戦争にこだわるのか？　この戦争のあとにも第二次世界大戦、朝鮮動乱、ベトナム戦争、一連の中近東での戦いと多くの愚行が繰り返されてきた。（中略）果てしないイスラム世界の戦いは実に判りにくい。（中略）

半世紀以上も前、イベリア半島をファシスト側と共和国側に二分したスペイン市民戦争は実に判りやすい戦争なのだ。あきらかに共和派に大義があった。だからこそジョージ・オーウェルもアンドレ・マルローもドス・パソスもパパ・ヘミングウェイもジャック白井も自分たちの世界を捨てイベリア半島に馳せつけて銃をとった。この戦争がフランコ将軍のファシスト側の勝利に終った瞬間、戦争から大義が消えた、というのは言い過ぎだろう。が、少なくともそれ以後の戦争の様相が見えにくくなったのは確かのような気がする（森詠『バルセローナの冬』新潮文庫、解説）。

大義と思想のために、自らとは直接の関わりがない場所での闘いに命をかけた人々がいた。その手段として彼らは銃をとった。結果的に彼らは、圧倒的な武力の前に敗れ去った。しかし共和国を支持した一人ひとりの希望が混じり合い、それが大きな希望として存在し得たのは確かである。

2　駐日臨時スペイン公使と日本

『大阪外国語大学七十年史』には、「イスパニア語学科史上、最も大きな存在の外国人教師がホセ・ルイス・アルバレスである」と述べられている。彼は大阪外国語大学をはじめ英知大学などで教鞭をとって日本におけるスペイン語教育の礎を築き、著名な日本人研究者を数多く育成してきた。またルイス・フロイスなどの研究ではバチカンで直接原典にあたって精密な分析を行うなど、キリシタンの布教史研究で第一人者としての成果を残している。そんな彼にはもうひとつの素顔がある。スペイン市民戦争中、駐日臨時スペイン公使として共和国を代表していたのである。

同胞殺戮と左右相克の恐ろしき地獄の形相を呈しているスペイン内戦は昨年七月勃発以来、既に八ヵ月余、首都マドリッドを挟んで政府軍、反政府軍の形勢は一進一退、未だに勝敗を決せず、ヴァレンシアにある現スペイン政府では昨年八月反政府軍支持を声明して東京を引き揚げ祖国に馳せ参じた駐日公使サンチャゴ・メンデス・デ・ヴィゴ氏の罷免以来、半年にわたり対日外交関係を中断中のところ今回、突然現大阪外国語学校スペイン語教授ホセ・ルイス・アルバレス氏を公使館一等書記官に任命すると同時に駐日臨時代理公使を命じた旨、西仏国境サン・ジャン・ド・リュスにある矢野スペイン公使を通じて、わが外務省に正式通告して来た（『東京朝日新聞』一九三七年三月三十日）。

ホセ・ルイス・アルバレスは一九一〇年五月、マドリードの北西約二〇〇キロにあるバリャドリードで生まれた。父は最高裁の判事をしていた。二十一歳でマドリード国立大学法学部を卒業するとただちに同大学の商法、そして法哲学の助教授に採用されるほどの俊英であった。

彼の愛弟子である関西外国語大学の三原幸久教授によれば、その頃のアルバレスは「イスパニア学生連盟のリーダーとして、ピストルを持って登校した緊迫の日々を送り」、英知大学の北城健次教授によれば「共和国派の運動に加わって、当局の官憲に追いかけられて逃げ回った」こともあった。また詩人・劇作家として著名なガルシア・ロルカ（第二章参照）と同じ劇団に所属していて、彼とも面識があったという。

やがて彼はフランスのボルドー大学やドイツのゲッティンゲン大学に留学した後、帰国すると母校の二つの講座の教授から「後継者に」との打診を同時に受けた。いずれも恩義のある教授である。一方を受けて一方を受けないというわけにはいかない。どうしようかと思案していたところ、「日本で語学教師をしないか」と、誘いが来たのである。東洋の小国が経済的に急速な発展を遂げていることは聞いていた。その現実を自分の眼で見るチャンスが訪れた。「ロシアを破った日本海軍のファンだ」という祖父など、家族の賛成もあり、彼は数年間日本に滞在する予定で一九三五年に来日した。

その一年後にスペイン市民戦争が勃発し、さらにその一年後の来日二年目に二十八歳の若さでスペインの駐日臨時代理公使に任命されたのである。なぜ大阪在住の彼が選ばれたのかは明らかではないが、学生時代に共和国を支持した彼の経歴などが評価されたものと思われる。

これに対して前駐日公使らがフランコ支持にまわり、公使館は本国政府から罷免された前参事官らが不法に占拠を続けた。このためアルバレスは丸の内のホテルを臨時の公使館として公務にあたらざるを得なかった。そして共和国政府と日本との関係は次第に悪化していく。

> 昨年以来開かずの公使館内に家族と共に籠城、絶対沈黙を守ってきたカスティリョ氏はフランコ将軍の日本代表の名を以て三日、突然現政権たるヴァレンシア政府の「支那事変に対する声明」を反駁する宣言を発表した。その主旨は今回の支那事変に関する国際連盟の決議に関して「ニュースによると、決議採択にあたりスペイン代表デル・ヴァヨ氏はスペインと同様、闘争に従事する支那(原文ママ)国民に友愛と挨拶を送ると声明したが、これが親愛な

る日本国民を侮辱する不快極まる言辞で、決してスペイン国民の真実の心持ちを表現せるものにあらず」と、ヴァレンシア政府の反日的態度を駁論した。これに関連してわが外務省の態度は当初アルバレス代理公使を承認した関係上、ヴァレンシア政府に対して好意的であったが、最近の情勢では同政権の内容の変化に伴って次第に翳り、殊にドイツ、イタリー、ポーランド以下六ヵ国がフランコ将軍の国民政府を承認せるため同政府に非常に有利に傾いている有様だ（『東京朝日新聞』一九三七年十月四日）。

新聞の推測どおり、日本政府は一九三七年十二月に共和国政府と国交断絶し、フランコ政権の承認を発表した。その背景には新聞記事にあるように、日本の対中国政策に対して共和国政府が批判的だったのに対し、フランコ政権は好意的だったことがあげられる。この国交樹立は日本軍にとってもメリットのあるものだった。一九三六年にはフランス大使館付武官の陸軍将校がスペインに入国し、観戦武官の待遇でフランコ側からソ連軍の情報を一部得ていたのだが、日本がフランコ政権を承認したことにより、スペイン公使館付武官が作戦武官としてフランコ軍に迎えられ、より多くの作戦情報を得ることができるようになったからである。

写真 11　ホセ・ルイス・アルバレス（1937 年頃，スペイン共和国発行のパスポート写真）

こうした日本政府の対応に伴い、アルバレスは就任からわずか七ヵ月で臨時公使の席を去ることになる。これを新聞は「『あすを知らぬ』嘆き――胸に〝スペインの悲劇〟を抱いて」と伝え、彼のインタビュー記事を掲載した。

私は代理公使など少しも望んでいませんでした。私は生来学問が好きで一生を研究の道にいそしみたいと念願していました。私は文部省に招かれて憧れの日本に来て以来、中世紀の頃の日本との文化及び交通関係の歴史研究に没頭し、非常に幸福でありました。しかし祖国には悲しい動乱が起きたのです。祖国のために同胞が生命を捧げている時、私だけ自分の生活の幸福を望むことは許されません。私は本国政府の命令に従って代理公使となったのです。私は政治の裏表も外交の駆引も知りませんでした。然し今日静かに顧みると私は学究としても、また外交官としても残念ながらその務めを十分果たすことができなかったのです。日本政府がフランコ将軍の反政府軍を正式承認するならば、私は潔く私の地位を去る他はありません(『東京朝日新聞』一九三七年十一月十四日)。

その後、アルバレスは東京を去って、奈良の借家に落ち着いた。東京朝日新聞はそれを「時利あらず都落ち　奈良の田舎で侘住居」との見出しで伝えている。第二次世界大戦中、スペインは中立国の立場を守ったとはいえ、反フランコ的人物は日本政府にとっても好ましくない人物ということになる。アルバレスは日本の敗戦まで、特高の監視下に置かれたのである。

彼は日本人と結婚し、戦後は大阪外国語大学や天理大学、英知大学などで永く教壇に立った。亡くなったのは一九九五年のことである。

臨時公使在任中のアルバレスの活動については明らかではなく、アルバレス自身も語ろうとはしなかった。「内戦については、あまり話されなかった。むしろあまり思い出したがらないようなことだった」と北城教授は話す。彼の家族にも取材したが、残念ながら臨時公使時代に彼が果たした役割などについて、新たな情報は得られなかった。アルバレスは徹底して市民戦争時代のことについて、封印をしていたようだ。

このため市民戦争に対する考え方を彼自身の言葉で知ることはできない。だが戦後、「ニッポン教育談義」と題して新聞の家庭欄に掲載された記事に、その一端を窺うことができる。

教育の目標は、ある意味で善と悪の区別をつける判断力。簡単です。たとえば上からの命令でも、そんなことにすぐに従う必要はない。父であるか、社長であるか、会社であるか、総理大臣であるか、国の王様であるか、命令する者がだれであれ、それをすべきか、すべきでないかは、本来、自分で判断しなければならん。その判断力を与えるのが教育です（『朝日新聞』一九七九年六月二十三日）。

現代社会では企業が法律や企業倫理を厳格に守るよう求められている。いわゆる企業のコンプライアンス（法令遵守）である。それは企業や公的機関で様々な不祥事が起きて、はじめて声高に叫ばれるようになった。しかしアルバレスは、そういった問題点と対処法を早く

写真 12　研究中のアルバレス（1947 年頃）

写真 13　アルバレスと妻の久美さん（1980 年頃）

も見抜いている。「何が正しいのか」という問題である。彼はさらに、次のように続ける。

私は時代遅れの人間かもしれません。昭和十二年、思想上のことから大阪外語をクビになったことがありますが、私はそのことを今でも名誉にしています（同前）。

〝思想上のことからクビ〟とは、臨時スペイン公使の職を退いたあと、日本政府にとっては好ましくない人物として大阪外大への復帰がただちにはかなわなかったことを指すのだろう。

臨時公使に就任した若き日のアルバレスには、まだ外交手腕などなかった。しかし、何が正しいことか、何が正義かを自分で考えることができた。正義はナチス・ドイツやファシスト・イタリアの支援を受けたフランコにはなく、共和国政府にあったのは、彼には明白だった。人間が自分の責任によらないことで差別され、悲しみ、傷つくのは平和とは言えない。平和とは何より社会正義の問題である。アルバレスは遠い異国で、そんなことを考えていたのではないか。

視点を現代に転ずると、東西冷戦の終結後も世界各地で紛争、テロ、そして戦争が絶えない。「人道的介入」や「積極的介入」をすべきか、すべきではないか、あるいは「超大国の単独行動主義」は許されるのか、といった問題点がその度に指摘される。

確かにスペイン市民戦争の時代は、市民が自らの力を信じることができた時代だった。だからこそ、自分で武器をとり、不正な権力と闘った。そしてそのこと自体の重要性は、いまも変わらない。いや、自分の力を信じるという面でいえば、その重要性はさらに強まっている。しかし逆の言い方をすれば、信じるものは自分の力しかなくなっている。自分以外の誰も、信じることができなくなってきているのだ。先に紹介した小説家の森詠は、その現実を次のように指摘する。

「人間関係が個別的にバラバラにされてしまった状態のなかで、自分を信じるしかないわけです。そこは絶対残っていると思うけど、スペイン内戦のような仲間はいない、友達はいない、同志はいない。そういうなかで個別的な闘いになってくる。そうすると自分のなかの危機的状況、内部崩壊しかねないという危機感を抱えながら、国家と対峙しなければならない。その国家自身も、自分がどういうところにいるのか、わからない状況になっているわけです」

スペイン市民戦争は理想のための闘いだった。人々はそれぞれの考える理想の旗の下、スペインに駆けつけた。しかし、現実を見ると理想は幻影だった。共和国の内部では共産党とアナーキストたちの主導権争いが激化し、争いは壮絶をきわめた。それは内戦のなかの内戦といわれる。ひとつの理想は、別の理想によって葬り去られ、そしてその理想もまた別の理想によって裏切られた。森は「理想というものが色あせた。理想がすべて諸悪の根元だという思いに立ち至った。そしていまではみんな、理想そのものも感じなくなっている」と語る。

確かにそれがスペイン市民戦争以後の現実でもある。社会主義を掲げたソ連は崩壊し、アラブの〝理想〟を掲げるグループは、卑劣なテロを繰り返す。日本の政治は実現すべき目標を見失い、政権与党の外交政策は国際協調の名の下で対米追従、内政の最大の課題は借金の返済と経費の削減である。

しかし、そんな時代だからこそ、いまいちど〝理想〟を、そして〝希望〟を考えてみる必要があるのではないだろうか。「平和」とは単に社会秩序を保つことだけを意味するのか、それともさらに踏み込んだ意味を込めるべきなのかという最先端の課題を解決しようと、国家の枠を乗り越えて考え、行動した無名の若者たちが日本人のなかにも存在したのである。

アルバレスの言うように私たち一人ひとりが〝判断力〟を身につけて行動するとき、そこには国境や人種の違いを超えた新しい理想、そして新しい希望が生まれてくるのではないだろうか。現代の大企業は多国籍企業と呼ばれるように、国境がほとんど存在しないかのような市場が形成されている。その結果としておこるのは、なし崩し的な民主主義の破壊である。それに対抗できる現代の統一戦線が求められている。様々な暴力によって苦しめられている人々の、グローバルな連帯である。その原点として、スペイン市民戦争に集った人々の足跡はいまもなお、輝きを失ってはいないはずである。

日本政府・軍部とフランコ反乱軍

一九三六年十月一日、フランコ将軍は、ブルゴスにおいて反乱軍側の国家首席と総司令官への就任を発表した。日本とフランコ反乱軍との接触は、軍部が外務省よりも先行していた。フランス駐在の陸軍大尉西浦進は、一九三六年十一月初旬、リスボンにあったフランコの出先機関から「ビザ」を入手し、反乱軍支配下のスペインに入り、十一月九日、総司令部や外務部等があったサラマンカに到着。その後マドリード戦線を視察し、十二月二十五日までフランコ反乱軍支配地域に滞在した。翌年一月二十日には、在仏武官中佐天晶恵と在伊武官少佐土岐鉾治が、同じくリスボン経由で反乱軍側スペインに入った。日本の軍部としては、戦線を視察し、共和国政府軍に提供された仮想敵国ソ連の兵器や戦術の実際を研究するまたとないチャンスだった。

日本政府が外交ルートでフランコ政権承認に向けた動きを始めるのは、一九三七年七月七日の日中戦争開始以降のことである。すでに本書で紹介した（一四〇頁）、反乱軍支持を声明し東京のスペイン公使館に居座り続けたカスティリョが、七月二十一日、日本の外務省にフランコ政権承認要請の覚書を手渡した。

独・伊両国がフランコ政権を正式に承認したのは、一九三六年十一月十八日である。フランコ政権の駐伊大使となったガルーシア・コンデは一九三七年八月堀田駐伊日本大使へ同政権の承認を要請した。伊政府が日本へのフランコ政権承認工作に積極的だったのは、地中海での覇権を握るために英国を牽制したいためであった。しかし独政府は対英関係を配慮して対日工作には消極的だった。フランコは、独政府へ日本の承認工作に動くよう働きかけを強めた。十月の北部戦線での反乱軍の勝利、十一月六日の日独伊防共協定の成立、十一月十六日の英政府のフランコ政権事実上承認などを契機として、一九三七年十二月一日、日本政府はフランコ政権を正式に承認した。翌二日、フランコ政権は「満洲国」を承認した（参考文献中の深澤論文などを参照）。

エピローグ　内戦を越えて

1　過去に見つめられる時

スペイン市民戦争は、一九三九年四月フランコ陣営の勝利によって終わる。国際的な観点からすると、フランコ側の勝利は、結果としてファシズムの勝利を意味していた。成立したフランコ体制が政治学の概念としての厳密な意味で「ファシズム体制」であったかどうか(私は「ファシズム」というよりは「権威主義体制」であろうと考える)は別にして、国際的な力関係においての意味づけにおいてはそうなる。逆の面からいえば、それはこの時点におけるヨーロッパの民主主義とコミュニズムの敗北をも意味していた。国際義勇兵たちもそれぞれの地へと引き揚げた。スペイン共和国政府の敗北は、ヒトラーによるヨーロッパ侵略戦争の開始と日本による日中戦争からアジア全面侵略への拡大など第二次世界大戦への道をひらいた。そして第二次世界大戦後において、中国、朝鮮、ベトナムはともに「内戦」を経験することになる。

戦争勃発からでも七〇年という時間が経過している。これまで見てきたように、スペイン市民戦争はアジアにおける戦後の出発点の形成に大きな影響を与えてきた。過去から見つめられている今日、スペイン市民戦争は、私たちに何を問いかけているのであろうか。

スペイン市民戦争は、国内的には、権威主義・反民主主義対民主主義の闘い、国際的には反民主主義と反ファシズムの闘いだった。そしてそこには共産主義主流のスターリン主義対アナーキズムさらにはリベラル左派の「自由」をめぐる抗争という要素も含まれていた。「国際的内戦」と呼ばれたように、他の国家がそれぞれ干渉した。ファシスト国家の干渉に対して抵抗するために、自由と民主主義を求める市民が世界中から馳せ参じて命がけの連帯を組んだ歴史上画期的なケースでもあったのである。

これらの諸要素のうち、ファシズム対民主主義の闘いというのは国際的には、その後、民主主義とコミュニズムの連合が形成され、第二次世界大戦においては、その民主主義陣営が勝利し、ファシズム陣営が敗北し、国家レベルでは一応の決着がついた。スターリン主義の問題もソ連の崩壊とコミュニズム思想の分裂・衰退で大半は解決したといえるかもしれない。しかし、大国の利害関係で小国の国内紛争が手のつけようのない悲惨な「内戦」へとこじれてゆくという現象はまだなくなったわけではない。それどころかグローバル化と「帝国」秩序形成のもとで「内戦」が常時的に生みだされる可能性も指摘される今日である。そのような場合に公正と平和を求める人々はどういう国際的連帯を組み、どう闘えばいいのかという課題の解明はまだ残されたままであり、いっそう重要になっている。

これまでの日本、朝鮮、中国、フィリピン、インド、ベトナムなどアジアにおけるスペイン市民戦争をめぐる人々の動きを通じていえることは次の二点であろう。(一) 人々の中で、スペイン市民戦争は、スペイン共和国支援という立場だけでなく、それぞれの大義(理想)を守るためと同時に、日本帝国主義や外国の帝国主義・植民地主義との闘いという、自らの「自由」を求める闘いとしても位置づけられていたことである。(二) 日本とフィリピンを除けば、中国も朝鮮もベトナムもインドも第二次世界大戦後に、大規模な「内戦」を経験した。つまり、スペイン市民戦争の終結が、中国や朝鮮、ベトナムにとって、別の新しい「スペイン市民戦争」の始まりを意味していたのである。

今日、スペイン市民戦争への関心は、一九六〇~七〇年代と比較するとかなりの程度低くなっているといえる。その当時は、例えば次のような問題意識に裏打ちされていたのである。

私が三十年前のスペイン戦争にこだわるのは、そこに私自身の心を強く惹きつける何かがあるからだ。私にとってのスペイン戦争は、常に日本が二つの陣営に分かれて内戦を戦う不幸な幻想と共にある。北日本と南日本の、正規軍とゲリラ部隊が、外国の軍隊に支援されて殺しあう状況を、私はしばしば思い描く、その実感に支えられてこそのスペイン戦争なのである。

ナショナリズムとインターナショナリズム、アナーキズムとマルキシズム、そして人間の理想と愚劣さ、献身と殺人、そういった、さまざまな問題の原型をそこに見、そこに確かめ、日本内戦の不吉な影を白日の下にさらしたいという衝動が私をとらえてはなさない。スペイン戦争とはいわば私自身にとっては、いまたしかに直面している一つの現実に他ならないのだ（五木寛之『わが心のスペイン――シンポジウム〈スペイン戦争＋一九三〇年代〉』晶文社、一九七二年、九頁）。

現在、この文章に接すると違和感を持つ人が多いに違いない。スペイン市民戦争で経験したような直接的戦闘を日本人が体験する可能性は少ないだろう。「脱冷戦」の今日的状況において確かに内戦の可能性は現実的とはいえない。しかし、私たちは「時代閉塞」状況から「混乱」、「恐怖」、「テロ」、「権威主義的独裁」、「戦争」の社会へと突き進む可能性を持つ新たな「危機」の時代に生きている。そのような時代にスペイン市民戦争という過去からどのようなことを学び取ればいいのだろうか。今日においても貧困や抑圧といった「構造的暴力」に対する闘いはこれまで以上に求められる。いわゆる「対テロ」の戦いの根底には本来的にはその問題があるはずである。半世紀前と違って「民主主義」という衣をまとった権威主義者や絶対主義者、巨大企業などが壁となって立ちはだかる。敵が見えにくい時代になりつつある中で、味方の戦列を整えて、言葉の本来の意味における統一戦線（共同戦線）やポピュラーフロント（人民戦線）をいかに形成するかが我々の課題である。

2　和解のベクトル

一九七五年十一月にフランシスコ・フランコ将軍は死去した。長期の独裁政治はついに終焉を迎えた。それからでもすでに三〇年の歳月が流れている。市民戦争はもとより、フランコ独裁も知らない世代の台頭にともなって、スペイン社会も大きく変化した。

最近スペインでは、敗れた共和国派の犠牲者の遺骨を捜し求める遺族が増えている。内戦は「触れてはならない古傷」として長く封印されてきたが、歴史は直視すべきだと考える若い世代が遺族の支援に立ち上がった。二〇〇一年「歴史の記憶を取り戻す会」が発足。二〇~四〇歳代のボランティアが、遺族の記憶や関係者の証言を手がかりに、全国に三万体が埋められたとされる犠牲者のうち四〇〇〇人の遺体を捜し出した。スペイン政府も二〇〇四年十月、内戦やフランコ独裁時代に殺されたり、行方不明になったりした犠牲者の名誉回復を検討する委員会を設置し、スペイン市民戦争を客観的にみつめる機運も出てきている（『朝日新聞』二〇〇五年一月十五日）。

スペイン市民戦争とファシズム支配を経験したヨーロッパはEUを形成し、相互依存関係を強固なものにすることによって――ただし、その周辺では戦争の火種は尽きないけれども――平和へのステップを一段上がった。アジアにおいても「冷戦」の時代がようやく終わろうとしている。通常「冷戦」とよばれているが、じつはアジアにおいては「熱戦」であった。中国内戦、朝鮮戦争、ベトナム戦争、インド・パキスタン戦争、中ソ国境紛争と続いた。

いまアジアでは、大きな構造変化と平和の共同体に向けた奥深い動きが起こっている。ASEAN（東南アジア諸国連合）は、国の規模や歴史・文化も違う一〇ヵ国が協力して発展させた地域機構である。二〇〇五年十二月の東アジア・サミットでみられるように、ASEANプラス一〇ヵ国は、「東アジア友好協力条約」(TAC)を基礎に、紛争を軍事力でなく話し合いで解決し、大国の介入を許さないという方向をうちだしている。

しかし日本はこうした流れにともすれば不協和音を持ち込み、改憲と日米の軍事的「融合」という逆のベクトルに進もうとさえしている。イラク戦争におけるアメリカの一国覇権主義にいきどおり、イラク民衆との連帯を求めた若者を、対米追随の日本政府は「自己責任」という言葉で切り捨てた。多くのマスメディアもまたこれに同調する姿勢を示した。

ある意味で日本は歴史の岐路に立っている。このような時であるからこそ、一九三〇年代後半の世界史の岐路に位置づけられていたスペイン市民戦争時に発揮された市民の主体性を、私たちはいま一度問い直す必要があるのではないかと考える。

参考文献

スペイン市民戦争とアジアについて

川成洋「日本人とスペイン戦争」三輪公忠編『日本の一九三〇年代――国の内と外から』彩流社、一九八一年

塩崎弘明「フランコ政権の日独伊防共協定参加について――スペイン内戦と日本軍部との関係についての若干の資料」斉藤孝編『スペイン内戦の研究』中央公論社、一九七九年

中村義「スペイン内戦と中国」東京学芸大学社会科学『紀要』第三部門第三三集、一九八一年

深澤安博「スペイン内戦と日中戦争――日・西外務省文書を中心に――」『歴史評論』第四四七号、校倉書房、一九八七年

倪慧如・鄒寧遠『橄欖桂冠的召喚――参加西班牙内戦的中國人（1936―1939）』人間出版社、台北市、二〇〇一年

スペイン市民戦争一般について

E・H・カー著、富田武訳『コミンテルンとスペイン内戦』岩波書店、一九八五年

伊高浩昭『ボスニアからスペインへ――戦の傷跡をたどる』論創社、二〇〇四年

川成洋『青春のスペイン戦争――ケンブリッジ大学の義勇兵たち』中公新書、一九八五年

川成洋『スペイン内戦――政治と人間の未完のドラマ』講談社、二〇〇三年

川成洋『スペイン戦争　青春の墓標――ケンブリッジの義勇兵たちの肖像』東洋書林、二〇〇三年
楠貞義・ラモン・タマメス・戸門一衛・深澤安博『スペイン現代史――模索と挑戦の一二〇年』大修館書店、一九九九年
ケン・ローチ監督作品『大地と自由　Land and Freedom』エキプ・ド・シネマ第一一三回ロードショウ（パンフレット）岩波ホール
斉藤孝『スペイン戦争――ファシズムと人民戦線』（一九六六年初版）中公文庫、一九八九年
スペイン史学会編『スペイン内戦と国際政治』彩流社、一九九〇年
トム・ウィントリンガム著、川成洋・大西哲訳『スペイン国際旅団』彩流社、一九八九年
バーネット・ボロテン著、渡利三郎訳『スペイン革命全歴史』晶文社、一九九一年
ピエール・ビィラール著、立石博高・中塚次郎訳『スペイン内戦』白水社、一九九三年
E. H. Carr, *The Twilight of Comintern, 1930–1935*, Macmillan Press Ltd., 1982（E・H・カー著、内田健二訳『コミンテルンの黄昏』岩波書店、一九八六年）
Gabriel Jackson, *A Concise History of the Spanish Civil War*, Thames and Hudson Limited, London, 1974.
Hugh Thomas, *The Spanish Civil War*, 3rd ed. Hamish Hamilton, London, 1977（ヒュー・トマス著、都築忠七訳『スペイン市民戦争』新装版、ただし第一版の日本語訳、みすず書房、一九八八年）
International Brigade Memorial Archive—Catalogue 1986, Marx Memorial Library.
International Brigade Memorial Archive—Catalogue 1990, Marx Memorial Library.
Victor Hoar, *The Mackenzie-Papineau Battalion*, The Copp Clark Publishing Co., 1969.

アジア関連について

安部博純・石川捷治編『危機の政治学——ファシズム論と政治過程』昭和堂、一九八五年
石川捷治・平井一臣編『終わらない二〇世紀——東アジア政治史一八九四〜』法律文化社、二〇〇三年
石川捷治・星乃治彦・木村朗・木永勝也・平井一臣・松井康浩『時代のなかの社会主義』法律文化社、一九九二年
磯谷秀次『わが青春の朝鮮』影書房、一九八四年
犬丸義一『日本人民戦線運動史』青木書店、一九七八年
岡本宏『日本社会主義史研究』成文堂、一九八八年
梶村秀樹・姜徳相編『現代史資料29　朝鮮（五）』みすず書房、一九七二年
柏經学・小山勉・松富弘志編『近代政治思想の諸相』御茶の水書房、一九九六年
加藤哲郎『国境を越えるユートピア——国民国家のエルゴロジー』平凡社、二〇〇二年
川合貞吉『ある革命家の回想』谷沢書房、一九八三年
姜在彦『満州の朝鮮人パルチザン——一九三〇年代の東満・南満を中心として』青木書店、一九九三年
熊野直樹・星乃治彦編『社会主義の世紀』法律文化社、二〇〇四年
小沼新『ベトナム民族解放運動史——ベトミンから解放戦線へ』法律文化社、一九八八年
坂井米夫著、川成洋編『動乱のスペイン報告——ヴァガボンド通信——一九三七年』彩流社、一九八〇年
谷川栄彦『東南アジア民族解放運動史——太平洋戦争まで』勁草書房、一九六九年
東京大学社会科学研究所編『ファシズム期の国家と社会8　運動と抵抗』下、東京大学出版会、一九八〇

年
中川原徳仁編『一九三〇年代危機の国際比較』法律文化社、一九八六年
日本政治学会編『年報政治学二〇〇〇　内戦をめぐる政治学的考察』岩波書店、二〇〇一年
野原四郎『中国革命と大日本帝国』研文出版、一九七八年
パック・カップ・トン『嘆きの朝鮮革命』三一書房、一九七五年
三輪公忠『共同体意識の土着化』三一書房、一九七六年
三輪公忠編『日本の一九三〇年代』彩光社、一九八〇年
Jawaharlal Nehru, *China, Spain and the War*, Kitabistan Allahabad and London, 1940.

スペインについての文献目録

坂東省次編『スペイン関係文献目録』行路社、二〇〇五年

おわりに

私はスペイン滞在中、南部のアンダルシア地方でフラメンコをたびたび鑑賞した。特に本場のヘレスでは世界的に有名なフラメンコの第一人者、クリスチーナ・オヨスに巡り会えた。舞台は彼女の回想する少女時代の物語である。一〇人ほどの男たちが切り崩した大きな岩を運んでいる。数十年前のこととて、今のような運搬機械もなく、すべて人力である。重く苦しい労働歌にあわせて、彼らのステップが大地を力強く打つ。鉱山を描いたフラメンコなのだ。ひとときの歌や笑い、恋や祭りもつかの間、落盤事故が起きて男たちは最期を迎える。舞台のタイトルは「地の底へ」。

フラメンコの舞踏は、かかととつま先に細かな釘を何十本も打ち付けた靴で舞台を激しく打ち鳴らすのが特徴だ。それはあたかも魂が下へ下へと、地中深く突き進むようだ。

オヨスは舞踏が終わった後、客席からの満場の拍手に応えながら「文化は断固として戦争に反対する」と書かれた横断幕を持ち、場内の人々とともに、「ノー・ア・ラ・ゲラ（戦争にノーを）」と声をあげたのだった。アンダルシアでは喜びも悲しみも、文化も芸術も、そして平和も、すべてが大地に根ざしている。

日本では特に最近、「憲法改正」論議がかまびすしいが、憲法が保障している基本原則の重要性は、制定から半世紀以上がたったいまも変わらない。それは私たちが敗戦の焼け跡から、大地に根ざした思想として得たもののはずだ。基本的人権の保障はいまなお人類共通の課題であり、戦争と軍備の放棄は世界共通の理想として輝きを失ってはいない。

そうした現代の課題がそのまま眼前に、世界で最初に現れたのがスペイン市民戦争であった。大量破壊兵器による大量殺戮や軍事優先主義、思想・信条の自由の否定や宗教による抑圧といえば、九・一一事件後の世界情勢を示しているようだが、ピカソの描いたゲルニカ爆撃や、オーウェルの描いた内戦の悲劇を見れば、それはそのままスペイン市民戦争を指摘していることにも気付くことだろう。「日本は日本」、「アジアはアジア」、「スペインはスペイン」ではなく、それらは時間と空間とを超え、密接なつながりを持っているのである。

私たち二人の著者は研究者とジャーナリストというフィールドの違いはあるものの、大地に根ざした人々の声を聴くという姿勢は共通している。私たちは必ず、自由と理想を追い求める人々と連帯できるはずである。小著がそのための一里塚となれば、望外の喜びである。

この本を書くにあたり、多くの先学のお仕事に学ばせていただいた。新書という性格上、十分注記できなかったものもある。諸先学にこの場を借りて厚く御礼を申し上げたい。
次の方々に大変お世話になった。記して感謝の意を表したい。

江口厚仁　江口裕文　伊地知敬子　石川晶子　于桂娟　川成洋　金哲
黒木彬文　倪慧如　鄒寧遠　中村義　中村美乃　西貴倫　根本実香
薄培林　ファン・マリア・ゴメス　深澤安博　藤原正義　卞恩眞
松尾イサベル　山田良介　吉村衣加　（敬称略、五〇音順）

また本書が陽の目を見るのは、九州大学アジア総合政策センターの岡崎智己センター長はじめ諸先生方と叢書担当の玉好さやかさん、そして作業の遅れを忍耐強く待っていただき校正その他で大変お世話になった九州大学出版会の永山俊二編集部長と尾石理恵さんのご尽力によるものであり、記してお礼を申し上げたい。

二〇〇六年三月

石川捷治
中村尚樹

新装版に寄せて

「統一戦線」は、闘いにおける「希望」の言葉である。それでいながら歴史を振り返ると、実際に成立したケースはきわめて少ない。その稀少な例のひとつが市民戦争期のスペインであり、多様な勢力と人々が結集した。確かにそこには、最後まで克服できなかった対立構造を内包するという弱点を抱えていた。しかし統一戦線（人民戦線）が成立し、しかも巨大な力を発揮しえたことの画期性は、なおいっそう再評価されてしかるべきと私たちは考える。

ではなぜスペインにおける戦線の「統一」が可能となったのか。それは大衆の多くが強い危機感を抱いたからである。その危機感は欧米だけでなく、アジアをはじめ各地に伝わった。統一戦線には「勢い」があり、その「空気」を共有したいと世界の人々が考えたのだ。

一方、その頃の日本は、一九三一年に関東軍が満洲事変を起こし、翌年には満洲国を建国した。あとから見ると、その頃がファッショ化に向けた国民意識の曲がり角だった。しかし当時の日本の人々には、危機感というものがまるでなかった。東京は車社会の進展、大阪は東京に続く地下鉄工事で、いずれも都市化に拍車がかかり、京都は観光客で賑わっていた。

日本の新聞はフランコ将軍らによる軍事蜂起について、「大衆の支持なくして起こったとすればたとひ成功してもそれは一時的のものであらう」（一九三六年七月二十二日付け東京朝日新聞）と、当初は冷静な立場をとっていた。しかし一九三七年十二月に日本が共和国政府と国交を断絶すると、新聞の論調はフランコ陣営支持の一辺倒に変わっていく。それからの日本は、破局へ至る道をまっしぐらだ。

現在の日本は、マスメディアも含めて再び同じような状況に直面しているように思える。一九九三年、二〇〇九年の二度にわたる政権交代があったにもかかわらず、新政権に対する期待が失望に変わり、いずれも再び自民党が復権するという政治的異常気象が続いた。その一連の流れはさらに加速し、「あの時代」に戻りかねない乱気流まで発生させている。

それをくい止めるには、どうすればよいだろうか。例えばべ平連の小田実や堀田善衞、九条の会の井上ひさしや加藤周一、そしてファシズムと闘った具島兼三郎。戦後民主主義を発展させながら、新しい社会の展望を探ろうとした、先達たちの思いを改めてかみしめ、人々の結集に活かしてゆく。それを私たちは、「新しい人民戦線」と名づけてみたい。

ここで言う新しい人民戦線とは、かつての革新統一戦線の復活ではない。政党や労働組合などの組織的勢力が結集するのではなく、一人ひとりが自発的に結集するのが特徴だ。

インターネットが普及し、在宅勤務が当たり前となり、SNSで情報が一瞬にして拡散するいまの社会では、自覚した市民の「勢い」と「空気」が、社会をまたたく間に変えていく。

スペインでは近年、既存政党への抗議運動が広がり、日本語で「我々は可能だ」を意味する市民政党「ポデモス」が政治のキャスティングボートを握るようになってきている。ポデモスの党員登録は無料、かつウェブ上で簡単に行える。資金集めはクラウドファンディングを活用する。カタルーニャ州では、独立運動が続いている。イギリスはEUを離脱し、北アイルランドは独立を志向する。アメリカでも中国でも、貧富の差が拡大し、民族や肌の色に対する差別が横行する。現代の大企業は多国籍企業化し、無国籍の市場が形成されている。その結果として、なし崩し的に民主主義は破壊され、新しい疫病が次々と世界をおそう。それに対抗できるのは、様々な暴力によって苦しめられているローカルな人々の、グローバルな新しい人民戦線である。そのためには、新しい人民戦線の目指すべき方向性を設定しなければならない。

新型コロナウイルスの感染拡大と地球温暖化による日本の災害列島化は、アフター・コロナの社会を大きく変貌させるだろう。そのなかで、あらゆる人権の尊重、自然と人間の共生、反貧困、新自由主義からの離脱、脱原発、そして日本国憲法に込められた価値の再評価などが新しい人民戦線の目標となるに違いない。こうした価値観は国境を越え、共有されていく。

第二章でご紹介したカタルーニャ国際旅団友好協会会長のルイス・マルティさんは残念ながら二〇一九年一〇月、九七歳で亡くなった。マルティさんと一緒にインタビューに応じてくれたファン・マリア・ゴメス・オルティスさんは、フランコ政権下で政治犯として何度も独房に投獄された経験のある著名なジャーナリストである。スペインでも新型コロナウイルスの感染被害が拡大し、市民は自宅で長期間にわたる外出自粛を余儀なくされた。そのとき彼は、「小さな刑務所のなかで過ごした経験がとても役に立ちました」と知らせてきてくれた。そんなユーモアの持ち主だからこそ、長い民主化運動を闘い抜くことができたのだろう。国際旅団友好協会にはスペイン内外の若い世代が加わって、いまも活動が続いている。

のちに初代インド首相となったネルーがスペインを訪れ、共和国軍の訓練を視察して書き残した言葉を紹介して、本書を閉じることとしたい。

「そこには、価値あるものを成し遂げるための強い勇気の光がある」

二〇二〇年七月十一日
スペイン市民戦争に参戦して亡くなった日本人 ジャック白井の命日に

石川捷治
中村尚樹

＊ 本書は九大アジア叢書6巻として2006年に刊行したものをKUP選書に再録し、新装版として刊行するものです。

〈著者紹介〉

石川捷治（いしかわ・しょうじ）

政治史研究者，九州大学名誉教授。
1944年　中国東北部・大連市生まれ。
1967年　佐賀大学文理学部卒業。
1972年　九州大学大学院法学研究科博士課程単位取得退学。
1973年～1978年　北九州大学（現・北九州市立大学）法学部にて西洋政治史担当。
1978年～2008年　九州大学法学部にて政治史（20世紀政治史）・地域研究(東アジア，九州・沖縄)・平和学の研究・教育を担当。九州大学大学院法学研究院教授，法学部長(1998～2000年)，韓国研究センター長（2000～2006年）等歴任。
2008年～2020年　久留米大学法学部教授,同大学附属図書館長・客員教授等を歴任。
主な著書
『北九州地方社会労働運動史年表』（共編）西日本新聞社，1980年
『危機の政治学―ファシズム論と政治過程―』（共編著）昭和堂，1985年
『1930年代危機の国際比較』（共著）法律文化社，1986年
『福岡県評30年史』（共同執筆）福岡県労働組合評議会，1988年
『時代のなかの社会主義』(共著）法律文化社，1992年
『「1968年」時代転換の起点』（共著）法律文化社，1995年
『自分からの政治学』(共編著）法律文化社，1996年，(改訂版）1999年
『地域から問う国家・社会・世界』(共編著）ナカニシヤ出版，2000年
『終らない20世紀―東アジア政治史1894～』(共編著）法律文化社，2003年
『スペイン内戦とガルシア・ロルカ』（共著）南雲堂フェニックス，2007年
『「あの時代」に戻さないために』（共著）自治体研究社，2014年
『スペイン内戦（一九三六～三九）と現在』（共著）ぱる出版，2018年

中村尚樹（なかむら・ひさき）

ジャーナリスト，専修大学社会科学研究所客員研究員，法政大学社会学部非常勤講師。
1960年　鳥取市生まれ。
1983年　九州大学法学部政治専攻（石川ゼミ）卒業。
ＮＨＫ記者，九州大学大学院・大妻女子短大等の非常勤講師を経て現職。
主な著書
『名前を探る旅～ヒロシマ・ナガサキの絆～』石風社，2000年
『脳障害を生きる人びと～脳治療の最前線～』草思社，2006年
『スペイン内戦とガルシア・ロルカ』（共著）南雲堂フェニックス，2007年
『認知症を生きるということ～治療とケアの最前線～』草思社，2009年
『「被爆二世」を生きる』中公新書ラクレ，2010年
『奇跡の人びと～脳障害を乗り越えて～』新潮文庫，2011年
『被爆者が語り始めるまで』新潮文庫，2011年
『最重度の障害児たちが語りはじめるとき』草思社，2013年
『占領は終わっていない～核・基地・冤罪・そして人間～』緑風出版，2017年
『マツダの魂～不屈の男 松田恒次～』草思社，2018年
『スペイン内戦（一九三六～三九）と現在』（共著）ぱる出版，2018年
『ストーリーで理解する日本一わかりやすいMaaS & CASE』プレジデント社，2020年

KUP選書 1

スペイン市民戦争《しみんせんそう》とアジア

——遥かなる自由と理想のために——

2006年9月15日　初版発行
2020年8月31日　新装版発行

著　者　石　川　捷　治
　　　　中　村　尚　樹

発行者　笹　栗　俊　之

発行所　一般財団法人 九州大学出版会

〒814-0001　福岡市早良区百道浜3-8-34
九州大学産学官連携イノベーションプラザ305
電話　092-833-9150
URL　https://kup.or.jp
印刷・製本／城島印刷㈱

Printed in Japan　ISBN 978-4-7985-0293-9

KUP選書

創刊の辞

九州大学出版会（Kyushu University Press）は、研究成果公刊の手段に乏しい地方と首都圏との格差を憂う大学人の、九州に学術出版社を求める声の高まりを受け、一九七五年に設立されました。設立趣意書には、「私たちは多大な不便を忍びながら遠く離れた中央にその全部を依存せざるを得ない状況にあります」と、当時の実状が記されています。

情報通信技術が発達した今日では、地方に在ることがかつてほど不利なことではなくなりました。また、地方の位置づけも、首都圏に対する周縁という存在から、それぞれが独自の魅力を放つ主体へと変化しつつあります。「いまそこに在る」ことの重要性が増し、私たちに求められる役割も、単に出版の受け皿というだけではなく、地域の「知」を吸い上げ、広く普及することへと変容しつつあるように思われます。

このたび創設四十五年を機に、私たちはＫＵＰ選書を創刊します。本シリーズは、地域にゆかりのあるテーマや特色ある研究成果、過去に好評を博したものの品切れとなっている既刊書などを、より親しみやすい体裁でお届けすることを目的としています。本シリーズがさまざまな場における「知」の交流を促し、地域の特異性から新たな普遍性の発見を導き出す一助となれば幸いです。

二〇二〇年八月

九州大学出版会理事長　笹栗俊之